한 달안에 시작하는
돈이 되는 라이브커머스 스타트업

한 달 안에 시작하는 돈이 되는 라이브커머스 스타트업

초판 1쇄 발행 2022년 9월 1일

지은이 정승혜, 이민정, 황은수
펴낸곳 드림위드에스
출판등록 제2021-000017호

교정 김성은
편집 김성은
검수 김성은
마케팅 드림위드에스

주소 서울특별시 강남구 압구정로14길 32-1, 102호(신사동)
이메일 dreamwithessmarketing@gmail.com
홈페이지 www.bookpublishingwithess.com

ISBN 979-11-92338-25-5(03320)
값 22,000원

- 이 책의 판권은 지은이와 드림위드에스에 있습니다.
- 이 책 내용의 전부 또는 일부를 재사용하려면 반드시 지은이의 서면 동의를 받아야 합니다.
- 잘못된 책은 구입하신 곳에서 바꾸어 드립니다.

한 달 안에 시작하는

돈이 되는 라이브커머스 스타트업

정승혜, 이민정, 황은수 지음

해야 하나? 아직도 망설이고 있는가?
피할 수 없고 고민할 수 없는 필연적인 시장이다. 고객이 여기에 있고 돈은 고객이 있는 곳에 있으니까 말이다.

드림위드에스

| 프롤로그 |

들어가며
(라이브 커머스를 시작하려는 모든 이들에게)

이제 대충이라도 숲을 알아야 나무를 아는 세상이다.
즉, 나무가 대략적인 숲을 알면 숲도 될 수 있는 세상이다.

지금 이 책을 여는 독자들은 다양한 니즈가 있을 것이다. 지금 우리는 '책'이라는 도서 플랫폼으로 '독자'라는 사용자(고객)를 만나고 있다. 세상은 지속해서 판매자, 사용자, 장터(광범위한 의미의 플랫폼)의 마켓 트라이앵글을 갖추고 시대의 흐름에 따라 기술이 발전하고, 유행에 따라 변화, 변형되어 가고 있다.

고대에는 4대강 물줄기가 플랫폼이 되고 그 주변으로 시장이 형성되어 문명이라는 것이 탄생했으며 시간이 흘러 교통수단이 발달하면서는 역세권, 백화점 주변 등이 메인 소비권이 되었다.
그리고 TV가 나온 뒤 지금까지 우리는 다양한 상업 광고, PPL, 홈쇼핑까지 다양한 소비생활을 TV라는 플랫폼으로 영위해 왔다.

이제는 또 한 번의 기술의 발전으로 누구나 고성능 스마트폰을 손에 쥐게 되었다. 다양한 모바일 커머스 플랫폼이 나왔으며 우리는 이제 그곳에서도 장터를 열었다. 바로 그게 우리가 말하고자 하는 '라이브 커머스'이다.

4대강에 시장이 모여 있을 때는 장사를 하기 위해 배를 구하고 노를 젓는 법을 배웠다면, 지금은 지금 시장에 맞는 학습을 하면 되는 것 아니겠는가?

너무 빠르게 바뀌어 가는 세상이라고 어려워할 것이 없다. 수학도 구구단을 알면 모두 다 기본은 통하듯이, 커머스도 기본을 알면 어떠한 플랫폼이 와도 통하는 것이다.

우리는 그러한 베이직(Basic)에 충실히 하려고 한다.

다만, 저자는 책에서 라이브 커머스 트라이앵글을 1. 판매자(업체, 쇼호스트, 셀러), 2. 사용자(고객), 3. 장터(플랫폼, PD(판매자나 장터의 중간자적 입장))로 구분하지만, 현재는 1인 라이브 커머스 셀러가 되려는 분들도 많다. 또한, 그렇지 않더라도 각각 파트의 기본적인 흐름을 이해해야 현장에서 정확한 커뮤니케이션, 고객과의 커뮤니케이션, 더 나아가서는 고객, 방송과 커뮤니케이션 가능한 상품을 개발할 수 있다.

저자는 라이브 커머스를 이해하려는 분, 이제 막 시작하려는 1인 셀러, 라이브 커머스가 대세이지만 어디부터 어떻게 시작해야 좋을지 모르는 소상공인, 농어촌, 창업자 기존 방송에만 경력이 있는 같은 직군의 경력자분들과도 이 책을 함께하고 싶다.

라이브 커머스 세계에 아직 완성본은 없다. 지금이 시작이고 계속 커지고 있는 시장이기 때문이다.
시장 자체의 특성상 'LIVE' '생물'이다. 그래서 매력적이다.
해야 하나? 할까? 아직도 망설이고 있는가?
피할 수 없고 고민할 수 없는 필연적인 시장이다. 이 책을 읽고 있다면 이미 시작한 것이라고 얘기하고 싶다.
고객이 여기에 있고 돈은 고객이 있는 곳에 있으니까 말이다.

홈쇼핑 1세대에서 라이브 커머스 1세대가 된 우리는 이제 흥분되는 의무감을 느낀다.

미국 실리콘 밸리에는 최근 'Pay it Forward'라는 표현(재능 세상을 위하여, 선순환 사회에 이바지하는 소명 의식)이 주목받고 있다.
누군가 질문을 하면 본인의 지식을 공유하고, 선배가 되었든 후배가 되었든 자식의 분야를 확장, 변형해 가면서 영역을 키워 가는 바람직한 그들의 성숙하고 경쟁 우의의 문화라고 이해가 된다.

홈쇼핑, 인스타그램, 유튜브, 라이브 커머스, 대행업체를 하면서 정말 많은 질문을 받아 왔다.
때로는 그 질문의 답을 해 줄 때 나의 시간, 재능이 아깝다는 생각을 한 적도 있다.
그 생각을 하면 지금도 부끄럽다. 사실 몇 달만 지나도 아무것도 아닐 수 있는 것을 말이다.

시대는 빠르게 변하고 있기 때문이다. 하지만 우리도 일정 속도로 계속 익히고 함께 움직이면 그 변화의 속도를 느낄 수 없다. 함께 변화해 나갈 뿐이다.

얼마나 흥분되는가. 우리 모두 지구(Earth)라는 놀이동산에 100년 정도쯤 되는 패스를 끊고 여행하러 와서 다양한 놀이기구를 체험하고 있다고 생각하자. 다 탈 필요는 없다.

하지만 내가 안 타는 것이지 못 타는 건 좀 패배자가 된 찝찝한 기분이 들 것 같아서 별로다.

선택은 내 것이어야 하니까 우리는 능력을 갖추어야 한다. 평생 공부를 한다는 것으로 생각하지 말고 평생 여행하는 데, 평생 노는 데, 뭐가 필요한지 둘러본다 생각하면 머리가 가벼울 것이다.

실제 이제 미래시대에 우리가 살아가는 데 필요한 매뉴얼들은 우리가 과거 어렸을 때 공부하던 것들처럼 따분하고 외우고 하는 것들이 아니다. 기본적인 원리, 기본적인 툴 정도 갖추면 되는 새로운 세상일 뿐이다. 처음에 모른다고 고개를 돌리면 아예 모를 수 있는 세상이다. 라이브 커머스를 넘어 조금 더 확장하면 그 뒤에 아바타가 들어간 메타버스까지, 거기에 활용되는 전자 화폐(암호 화폐, NFT 등등)가 눈에 보일 것이다.

앞으로 함께 성장시킬 라이브 커머스 시장에 대한 두려움을 버릴 수 있게 되는 것이 이 책을 쓰는 1차원적인 목표이다.

거창한 이야기, 심도 있는 이야기는 컨퍼런스나 아카데미에서 진행하지만 우리는 책을 통해 맛보기 여행을 하고 싶다. 음식이 더 궁금해지는 충분한 맛보기 여행을 함께 시작하자.

라이브 커머스 바이블 활용법
1. 목차 읽기
2. 가장 관심 있는 파트 먼저 읽기(쇼호스트, 업체, PD 파트 중)
3. 전체 읽기
4. PART 6 실전 워크북 작성
5. 성공하는 라이브 커머스 START!

CONTENTS

프롤로그 - 들어가며(라이브 커머스를 시작하려는 모든 이들에게)   4

PART 1 - 라이브 커머스, 그게 뭔데 • 15

라이브 커머스의 역사   16
라이브 커머스의 전망   18
한국의 라이브 커머스 시장   22

PART 2 - 라이브 쇼호스트 되어 보기 • 27

나는 누구인가? 평범한 내가 라이브 커머스 할 수 있을까?   28
쇼호스트로서 매력 장착하기   29
  1. 카메라 앞에서의 '나' 관리하기   29
    1) 표정   29
    2) 목소리와 발음   30
    3) 쇼호스트의 발성   31
  2. 쇼호스트 이미지 관리하기   33
    1) 비주얼 만들기(10초를 잡아라)   33
    2) 돈을 부르는 핸들링, 시연   37
    3) 내 손은 고객의 손, 고객의 눈   38
  3. 쇼호스트의 이미지 만들기   39
    1) 신뢰성   39
    2) 자신감   41
쇼호스트 화법, 이것만 알면 쉽다   43
  1. 말하는 기술   43
    1) 이성적 소구   45

2) 감성과 마주하기	47
3) 비교만이 살길	49
4) 위협 소구	51
5) 내 상품을 1000% 돋보이게 하는 언어 포장(프레이밍 효과)	55
6) 짧고 깊게 말하라	59
2. 말하지 않는 기술	62

방구석에서 판매왕 되기 3 STEP	**67**
1. Step1) 매출 높이는 판매전략 세우기	67
1) 나에게 어울리는 상품인가?	67
2) 상품과 사랑에 빠지다	70
3) 고객 타깃층을 구체화하자	72
4) 셀링 포인트 찾아내기(Unique selling point)	77
5) 오늘만 파는 내일이 없는 세일즈	79
2. Step2) 내 인생을 파는 기술, 스토리텔링	85
1) 진심이 보배	85
3. Step3) 독점 고객으로 만드는 소통 진행법	88
1) 나는 친근한 셀러인가?	90
2) 지속성, 변함없는 친구	93
3) 대화의 핵심, 진정성	94

PART 3 – 라이브 커머스 업체, 이렇게 준비하라! • 97

플랫폼별 입점하기 특징	**98**
1. 라이브 커머스 플랫폼별 강점	100
2. 라이브 커머스 플랫폼별 수수료	101
1) 네이버 쇼핑 라이브	101

    2) 쿠팡 라이브 크리에이터   102

    3) 카카오쇼핑 라이브   103

    4) 그립 라이브 커머스   104

사업자 등록과 통신판매업 신고하기   105

  1. 사업자 등록   105

    1) 사업자 등록   105

    2) 사업자 등록 방법   105

    3) 사업자 등록 시 유의사항   106

    4) 필요 서류   107

  2. 통신판매업 신고   107

    1) 구매안전서비스 이용 확인증 발급   107

    2) 관할 시/군·구청 방문 혹은 '정부24' 사이트에서 통신판매업 신고   108

    3) 필요 서류   108

    4) 등록면허세 납부   108

네이버 방송 가이드   110

  1. 라이브 시작 전 체크사항   110

    1) 네이버 스토어팜 등급 기준   110

    2) 라이브 진행 조건   111

그립 방송 가이드   112

  1. GRIP 셀럽 사이트 들어가기   112

  2. GRIP 상품 등록   113

  3. GRIP 상품 등록 – 기본 정보   113

방송 대행사와 협업   119

  1. 라이브 커머스 시장에 있어 업체에 주는 코멘트   120

    1) 조급해해서는 안 된다   120

2) 본인이 방송에 대해 체험하고 상품에 대한 체험을 아끼지 마라　121

3) 적당히 적극적인 태도로 본인의 상품을 어필하라　121

4) 모르면 호구가 될 수 있다　122

5) K-뷰티, K-콘텐츠를 하고 계시다면 이제는 무조건　122

PART 4 - 나는 PD다! ON AIR! 이제 시작이다 • 125

PD　126

1. 따라 하면 완성되는 1인 방송국:
카메라, 조명, 마이크 등 장비 구입부터 세팅까지　131

　1) 기본 장비란?　131

　2) 기본 장비와 실제 라이브의 장비 예시　134

　3) 기초적 조명의 세팅　135

　4) 스튜디오 시뮬레이션　136

2. 상품군별 출연자 캐스팅　139

　1) 나라는 상품 - 소통, 경험　139

　2) 유형별 쇼호스트　144

　3) MBTI별 추천 플랫폼　159

3. 흥하는 셀링 포인트의 법칙　165

　1) 소구 포인트 잡기　165

4. 방송 큐시트, 스토리 보드, 판넬 작성 실전 연습　171

　1) 흥하는 DP, 흥하는 제품 시연　171

5. 실전 라이브 커머스 PD 연출　172

　1) 방송 전, 방송 중, 방송 후 체크리스트 1인 방송국 준비 과정　172

6. 퇴사해서 한 달 1,000만 원 이상 벌기 원해?　179

PART 5 - 1인 방송 라이브 커머스 셀러? 너도 할 수 있어! 실전 테크닉 •187

상품군별 시연, 핸들링, 방송표현	**188**
1. 시연, 핸들링 중요성	188
2. 방송 표현의 중요성	189
3. 방송 큐시트 작성 실습	189
4. 라이브 커머스에 대한 우려사항	192
1) 무작정 들이대고 포기하지 마세요	193
2) 무조건 고가의 장비가 해결해 주는 시장이 아닙니다	193
3) 첫술에 배부를 수는 없습니다	193
에필로그 - 정승혜	194
에필로그 - 이민정	198

PART 1
라이브 커머스, 그게 뭔데

라이브 커머스의
역사

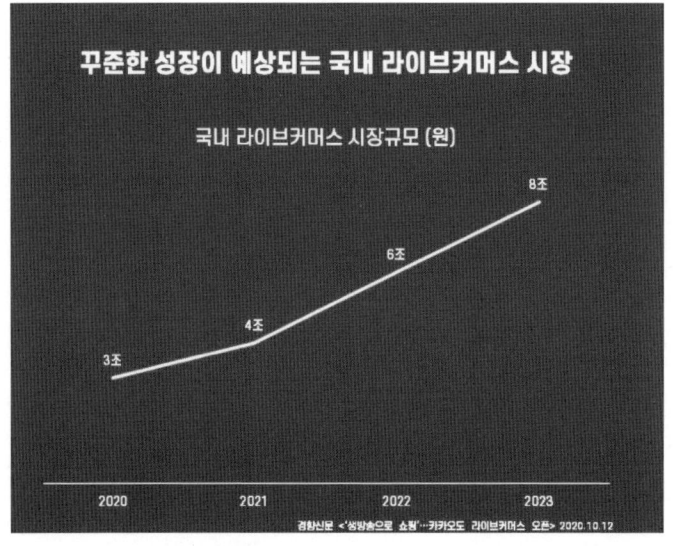

 요즘 뜨거운 인기지만 라이브 커머스(live commerce)가 뭔지 아직 접해 보지 못한 분들도 있을 것이다. 라이브 커머스란 라이브 스트리밍(Live streaming)과 전자 상거래(E-Commerce)의 합성어로, 실시간 동영상을 통해 상품을 소개하고 판매하는 온라인 채널을 뜻한다.
 판매하는 도중 이용자들과 채팅을 통해 소통할 수 있는 것이 가장 큰 특징이다.

물건을 구매자에게 판매하는 것은 TV 홈쇼핑과 다를 게 없지만, 라이브 커머스는 TV 채널이라는 제한된 접근 대신 모바일로 자유로이 접속할 수 있어서 접근성이 훨씬 낮기 때문에 이용자, 판매자 모두 관심이 있다면 모바일로 빠르게 스타트 할 수 있다. TV 홈쇼핑은 TV를 보다가 **카드로 결제하는** 번거로움이 있지만(아무리 TV 결제 방식이 있지만 이런 결제 방식은 아직 5% 미만이다) 라이브 커머스는 방송을 보면서 결제까지 가는 **루트 역시** 안내만 잘 한다면 굉장히 편하게 되어 있다. 접근성은 기존의 이 커머스(e-Commerce)도 뛰어나다고 할 수 있기는 하다. 그러나 이 커머스는 소비자의 리뷰라는 간접 체험에 의존해야 했고, 고객에게 익숙하지 않았다. 쉽게 얘기하자면 소비자 입장에서는 온라인 카탈로그 쇼핑 같은 것이다. TV 홈쇼핑 또한 판매의 주축인 쇼호스트가 시청자에게 일방적으로 정보를 제공하는 식이다. 반면 라이브 커머스는 방송 내내 이용자들의 질문을 채팅으로 받고 실시간으로 답변을 해 주기에 한층 생동감이 넘친다. 내가 질문하지 않아도 궁금한 것은 거의 **비슷하므로** 다른 고객들의 질문을 보면서 대리만족도 하고 공감도 하면서 함께하는 쇼핑의 느낌을 동시에 느끼기도 한다. 다른 구매자의 구매를 볼 수 있는 라이브 커머스의 형태 또, 최근 '구슬'이라는 중고 판매 **플랫폼은 현장감을** 더해서 굉장히 구매 긴장감을 올리기도 한다. TV 홈쇼핑과 달리 이용자들의 만족감은 물론 구매 전환율도 높아질 수밖에 없다. 특히 코로나 19의 영향으로 비대면 접촉의 언택트 경제가 일상화되면서 라이브 커머스의 인기가 한층 뜨거워졌다.

라이브 커머스의
전망

위기가 기회가 된다는 불과 몇 개월 전의 예언서들은 실제가 되어가고 있다. 아직 그 기회에 탑승하지 않았는가? 아직도 늦지 않았다. 2023년 정도가 마지막 탑승의 기회라고 본다. 그 이후면 조금은 **늦을 거라는** 생각이 든다.

코로나 시대로 비대면 경제가 활성화되면서 오프라인의 유통업체뿐 아니라, 플랫폼 사업자 쇼핑몰 등 **모든 업체가** 라이브 커머스를 활용해 소비자에게 직접 다가가며 고속 성장을 보이고 있다.

아마도 곧 전 국민의 BJ, 셀러화가 되지 않을까 싶을 정도로 **익숙해지고** 있다.

올해 4,000억 원대인 국내 라이브 커머스 시장이 2023년에는 8~10조 원대로 성장할 것으로 보이고 있다.

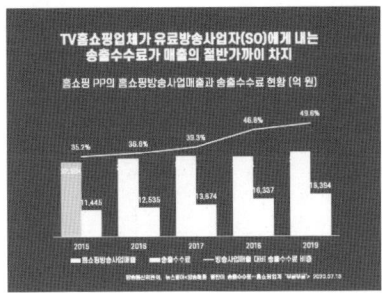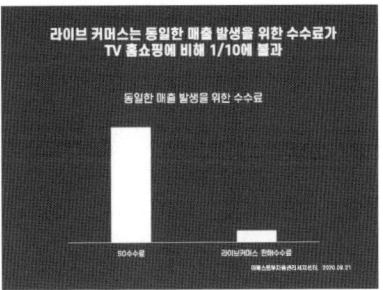

라이브 커머스의 매력은 **#소통**에서 많이 찾고 있지만 나는 **#직거래**라는 매력이 크다고 본다. 구매자인 고객은 **#소통**만을 원하지는 않기 때문이다. **#직거래**로 혜택을 크게 가져가고 직거래의 혜택을 소통으로 풀어 나가는 방식이 매출까지 잡는 것이 요즘 대박 나는 라이브 커머스의 형태다. 10~40%대의 높은 수수료를 내던 판매방식에서 벗어나 업체들은 그 혜택을 고객에게 돌려줄 수 있게 되었고 소통으로 전환율을 최대한 높일 수 있어 **요즘은 홈쇼핑 하느니** 공동구매나 네쇼라 한 번 하는 게 **낫다고** 말하는 업체분들도 꽤 많이 만나게 된다.

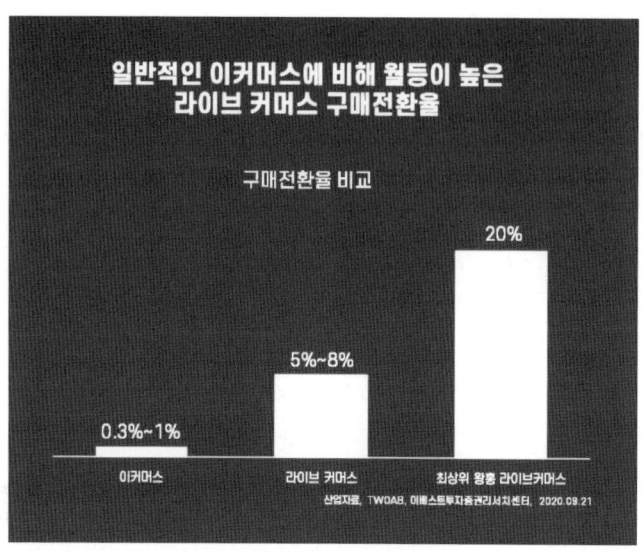

　　홈쇼핑 업체들의 송출 수수료 역시 홈쇼핑 생태계의 지속적인 마이너스 요소이고 이것이 고객에게 가격적인 불이익으로 **올 수밖에 없는** 것이다. **이에 비해** 수수료가 적고 큰 초기비용이 들지 않는 라이브 커머스 쪽으로 업체들이 대거 이동 중이다.

　　최근 쿠팡 라이브에서 황은수-강예빈의 제주 신화월드 여행상품 방송을 해 보니 15분 만에 1억, 2시간에 4억에 가까운 매출을 달성했다. 여기에 들어간 비용, 수수료를 기존의 것들과 비교하면 업체가 신이 **날 수밖에 없을** 것이다.

그 이후 계속되는 여행 방송 러브콜이 이어지는 것을 볼 수 있었다.

업체가 라이브 커머스에 진출하는 이유들은 다음과 같다.

#낮은 수수료, 방송 제작비
#쉬운 방송 접근 방식
#고객 반응 빠름, 반품률 낮음
#방송 편성, 캐스팅의 능동성

그래서 앞으로도 커질 수밖에 없는 흐름이다. 상품을 가진 업체들의 흐름, 그리고 업체가 내는 수익은 고객이 가지는 혜택으로 이어지기 때문에 고객이 그곳을 택하기 때문이다.

한국의 라이브 커머스
시장

　한국시장에서 라이브 커머스를 제대로 처음 시작한 곳은 네이버 출신 김한나 대표가 2018년 8월 세운 스타트업 '그립'이다. 라이브 커머스는 텔레비전 홈쇼핑처럼 실시간 동영상 스트리밍을 통해 상품을 소개하고 판매하는 방식으로, 2016년께 중국에서 먼저 유행했다. 국내에는 낯선 소비 방식으로 사업을 벌이게 된 배경에 대해, 김 대표는 "창업 전 네이버에서 근무하며 동영상 서비스 마케팅 업무를 오랫동안 맡았다. 이때 밀레니얼과 제트(Z) 세대에서는 영상 통화 및 라이브 영상과 관련한 소비의 성장속도가 빠르다는 것을 느꼈다"라고 말했다. 2019년 2월 서비스를 시작한 그립은 **입점 신청을** 한 판매업체들이 일정한 심사를 통과하면 판매 금액의 10%를 수수료로 내고 **라이브 방송을** 할 수 있는 플랫폼이다. 출범 초기 입점 업체 50개를 **모으는 데 6개월이 걸렸지만**, 코로나 19를 거치며 **입점 업체가 7천 개까지** 늘었다.

　카카오가 국내 최초 라이브 커머스 전문 응용 소프트웨어(앱) '그립' 운영사인 그립컴퍼니를 인수한다. 카카오는 2일 소셜 네트워크 서비스(SNS) 기반 라이브 커머스 기업 그립컴퍼니에 1,800억 원을 투자하고 50%에 가까운 지분을 확보했다고 밝혔다.

2019년 2월 선보인 그립은 국내 최초 라이브 커머스 플랫폼(이른바 라방)으로, 모바일 쇼핑 앱이다. 판매자가 모바일 방송으로 물건을 홍보하고 소비자는 판매자와 채팅하며 물건을 고르는 방식이다. 특정 TV 채널을 기반으로 한 원조 라방인 '홈쇼핑'보다 방송 접근성이 뛰어나, 최근 급격히 세를 불리고 있다.

그립에 등록된 판매자는 1만 7,000여 명에 이르고, 2년 10개월 동안 누적 거래액은 1,000억 원을 달성했다. 최근 일본 시장에 진출한 그립은 내년 상반기 미국 시장도 공략할 계획이다.

사이즈로 보면 그립은 쿠팡의 커머스 거래액은 21조 원, 네이버는 28조 원에 이르지만 카카오는 5조 6,000억 원 수준으로 추산된다. 카카오는 그립컴퍼니의 최대 주주로 올라섰다. 다만 지분율이 자회사 편입 요건인 50%에 미치지 못해 카카오 아래로 들어오진 않는다. 경영권도 기존 경영진에 그대로 유지된다. 카카오는 자사의 커머스(쇼핑) 경쟁력을 키우기 위해 그립컴퍼니에 대규모 지분 투자를 단행했다고 설명했다. 업계에선 카카오가 라이브 커머스를 카카오톡에 붙여 관련 사업을 공격적으로 확장할 것으로 내다본다. 이를 통해 신규 판매자를 대거 카카오 플랫폼에 **들여놓겠다는** 전략이다. 카카오의 배재현 최고 투자 책임자(CIO)는 "이번 투자를 통해 글로벌 라이브 커머스 플랫폼으로 성장해 나갈 계획"이라고 말했다.

내부적인 이야기로는 지나치게 홈쇼핑 크루로, 홈쇼핑 방식으로 접근했던 카카오의 라이브 커머스 방식에서 벗어나 좀 더 라이브 커머스의 근본적인 사업에 **접근하기 위한** 그립과의 협업을 **시작한 것으로** 보고 있는데, 아직은 다양한 테스트를 시도 중이면 카카오의 정제된 영상 업로드 시스템보다는 현재 그립의 자율적 크리에이터 방향을 지켜보고 있는 중이다.

정제된 영상, 정제된 횟수만을 고집하던 카카오는 철저하게 기존 홈쇼핑 방식을 지켜 왔고 내부 채용방식이나 쇼호스트 채용, 캐스트 캐스팅, 상품 컨택마저 가장 힘들기로 업계에서 소문이 났었다. 그러다 보니 업로드되는 영상의 숫자가 경쟁사인 네이버에 비해 현저하게 떨어지는 것이 문제점이었고, 이러한 것이 결국 매출 저조의 원인 중의 하나로 늘 지적되었다.

그에 반해 그립은 전적으로 크리에이터의 의존하는 방식의 라이브 커머스이며 늘 원하는 크리에이터를 컨택 하는 것이 그립 내부의 중요한 업무였다. 상품을 입점하고 인지도 있는 크리에이터가 있을 경우 이들을 엮어 주기도 하고, 현재 **많은 업체는** 사업자등록증만 있다면 즉시 방송을 시작할 수 있는 시스템이기 때문에 문턱이 낮다. 아주 어색한 두 플랫폼의 만남은 네이버가 크게 의식하지 않은 척하기에는 어떠한 시너지가 날지 모르는 것이다.

2002년, 2003년이 크리에이터들의 원년이라고 생각하는 나는 전체적인 라이브 커머스 시장의 확대를 위해서라도 이들의 시너지가 폭발하기를 기원한다.

그립의 경영권, 경영진을 그래도 유지하는 것이 기대감을 높일 수 있음을 시사한다.

물론 그립 말고도 라이브 커머스를 시도한 기업들은 여럿 있다. 티몬은 그립보다 2년 빠른 2017년부터 라이브 방송 '티브이 온(TV ON)'을 운영했다. 지에스(GS)25, 현대아울렛, 에이케이(AK)플라자 등 브랜드는 그립과 협업을 하며 라이브 커머스에 뛰어들었고, 에스에스지(SSG)닷컴, 하림 등은 잼라이브(네이버)를 통해 상품을 판매했다. 인터파크는 올 초 '인터파크 티브이'를 시작했고, 롯데백화점은 지난해 12월 '빽라이브(100LIVE)' 방송을 시작해 현재는 롯데 온(ON)에서 이어가고 있다.

한국에서 출연자로 방송을 시작한다면 현재 크게 4가지 플랫폼 네이버/카카오/쿠팡/그립을 추천해 주고 싶다.
매우 다른 경로로 방송을 할 수 있기 때문에 네이버는 현재 스마트 스토어를 운영 중이라면 누구나 방송을 할 수도 있다.
물론 등급이 파워 등급 이상이라면 말이다.

본인이 업체이든 크리에이터든 입점 방법을 알고 있어야 하며 이는 업체편에서 자세하게 다루도록 하겠다.

PART 2
라이브 쇼호스트 되어 보기

나는 누구인가?
평범한 내가 라이브 커머스 할 수 있을까?

쇼호스트의 사전적 의미는 매체를 통해서 소비자들에게 상품을 소개하고 직접 시연해 보이는 진행자이다.

좀 더 덧붙이자면 카메라 앞에서 매력적으로 상품을 소개하고, 판매하는 방송인이라고 할 수 있다.

매력적으로 보이는 말투, 매력적인 보이스. 매력적인 몸짓, 핸들링, 그리고 매력적인 외모. 이 모든 것이 쇼호스트라는 이미지를 만드는 부분들이다.

친구들 사이에서는 그렇게 수다를 잘 떠는 누군가도 카메라 앞에서는 말도 안 나오고, 얼음처럼 긴장되고, 머릿속이 하얘지는 울렁증을 겪은 적이 있을 것이다.

카메라의 눈을 사랑하는 사람 바라보듯이 바라보며 자신감 있고 자연스럽게 방송을 하는 방법이 없을까?

차근차근 하나씩 터득해 가면서 나의 매력을 쌓아 보자.

쇼호스트로서
매력 장착하기

1. 카메라 앞에서의 '나' 관리하기

1) 표정

강의를 나가 보면 쇼호스트 초급 준비생들이 가장 힘들어하는 부분이 카메라를 자연스럽게 응시하는 것이다.

얼음처럼 얼어 보이는 어색한 표정, 인위적으로 웃어 경련이 일어나는 입꼬리 등등, 언제쯤 카메라 앞이 익숙해질까요? 선생님….

그럴 때마다 내가 하는 말이 있다. "카메라 렌즈를 사랑하는 사람 눈이라고 생각해 봐요. 쳐다보지 말고 바라보는 거야….”

이론은 쉽지만 실전해 보면 또 뜻대로 되지 않겠지만 카메라 렌즈를 진실한 마음으로 바라보는 것은 고객 한 사람 한 사람과 눈을 맞추는 것이고 마음을 맞추는 것이다.

Check point
* 카메라 렌즈는 사랑하는 사람을 바라보는 것이다.
* 즐겁고 신나는 마음으로 카메라를 응시한다.
* 눈동자의 흔들림과 좌우 눈동자를 굴리는 것은 불안함을 초래한다.
* 입꼬리는 자연스럽게 올리고 즐거운 상상을 한다.

오프닝 인사가 잘 풀리면 그날 방송은 잘 풀릴 수 있다 생각하고 오프닝 전개는 반복해서 연습해 봐야 한다.

거울을 보면서 표정을 체크하면서 실전연습을 해 보기를 추천한다.

오프닝 들어가기 전, 혼자 가만히 멀뚱멀뚱 있는 것은 좋지 않다.

스스로 기분을 업 시키기 위해서 옆 출연자와 대화도 하고, 손뼉도 많이 치고, 입술을 풀어 보는 준비운동을 해야 한다(아-에-이-오-우를 입을 크게 벌려서 해 보자).

'세상에서 제일 좋은 상품을 준비하고 여러분을 기다리고 있어요. 대박대박!'

이렇게 주문을 외우면서 설레는 마음으로 이 시간의 주인이 되어 보자.

2) 목소리와 발음

이성의 마음을 사로잡기 위해서는 외모보다 목소리에 더 신경을 써야 한다는 연구 결과가 있다.

영국 유니버시티 칼리지 런던(UCL) 이쉬(Yi Xu) 박사가 이끈 연구진에 따르면 인간은 목소리만 듣고도 상대방의 몸집이나 매력도, 친근함 등을 판단하는 것으로 나타났다.

이렇게 고객이 화면에 비춰지는 여러분의 외모를 기억하는 것 이상으로 여러분을 목소리가 가진 이미지로 기억한다는 것을 잊어서는 안 된다.

미국 듀크 대학 경영학과 윌리엄 메이유 교수는 기업 CEO들의 목소리 깊이와 연봉 관계를 분석했다.

논문에 따르면 좋은 목소리를 가진 CEO는 다른 경영자보다 연봉 규모도 컸고, 최고 경영자로서의 재직기간도 더 길었다.

성공한 비즈니스 업종이나 연설을 잘하는 정치인들은 보통 중저음으로 신뢰감을 주고 천천히 또박또박한 발음으로 호감도를 상승시킨다.

이렇게 목소리는 신뢰감을 줄 수 있는 큰 요소이기 때문에 악기를 다루는 것처럼 연습하고 숙련하는 과정으로 열심히 노력해 보는 것이 좋다.

3) 쇼호스트의 발성

현실의 홈쇼핑 방송 쇼호스트들은 평균 음역대보다 높은 음을 많이 사용하고 있다.

라이브 방송을 진행하다 보면, 상품의 특·장점을 더 잘 들리게 하고 싶고, 더 강조하고 싶은 마음이 앞서기 때문에 분위기를 고조시키기 위해서 온몸을 불사르다 보면 당연히 톤이 높아지게 된다.

하지만 톤이 높아지면 목소리는 한없이 불안정해지고, 거친 음색이 나오기 마련이다. 아무리 호감이 가는 외모라고 해도 그 쇼호스트는 듣기 싫은 목소리로 기억될 것이고, 전달하고자 하는 메시지와 거리가 멀게 느껴지게 되는 법이다.

현재 업계에서 수억대 연봉을 받는 스타급 쇼호스트들이 모두 외모가 뛰어난 것은 아니다.
그들의 공통점은 오히려 친근하고 세련된 외모에 매력적인 목소리의 온도와 또박또박한 그들만의 전달 방법이 있다는 점이다.
목소리는 즐거운 유쾌한 톤과 불안정하게 들리는 하이 톤을 구분할 줄 알아야 한다.
배에 힘을 주고 또박또박 뱉어 내는 목소리로 책을 많이 읽어 내려가면서 악기에 기름칠을 하듯이 연습을 해 보자.
나도 쇼호스트 준비 연습생 시절 스승님께 "혀 짧은 소리가 난다", "성량이 부족하다"라는 지적을 많이 받았다.
수개월 동안 볼펜을 입에 물고 침을 흘려 가며 신문을 읽어 내려갔던 기억이 있다.
이렇게 반복 연습 및 숙련으로 발음이 정확해지고, 목소리에 힘이 생기는 걸 경험했기 때문에 여러분께 추천하고 싶다.
목소리와 발음은 숙련되면 얼마든지 좋아질 수 있다.
나의 목소리를 녹음을 해 보는 것도 좋은 방법이다.

Check point

* 자신감 있는 목소리로 천천히 말하는 연습을 하자.
* 편안하고 안정감 있는 목소리 톤을 찾아보자.
* 강조하고 싶은 메시지는 더 천천히 또박또박 중저음으로 말해 본다.
* 카메라 너머의 고객이 잘 듣지 못한다고 생각하고 귀에 쏙쏙 들리도록 멘트를 해 보자.
* 목소리의 높은 톤은 불안정하거나. 유쾌한 자신감 있는 목소리 톤은 매출을 부른다.

2. 쇼호스트 이미지 관리하기

1) 비주얼 만들기(10초를 잡아라)

시청자가 TV 홈쇼핑 채널을 돌리거나, 라이브 커머스 채널을 검색하다가 '멈춰야겠다'라는 생각을 하고 시선 고정 하는 시간은 약 10초 안에 이루어진다.

그 채널을 멈추고, 쇼호스트도 보고, 상품도 보고, 채팅창과 방송 분위기도 보고, 혹은 무대 세트의 느낌을 파악한다.

'왠지 오늘은 이 방송이 끌려.'

'쇼호스트 언니 이쁘네?'

'와, 상품 좋아 보인다.'

'댓글 분위기 장난 아니다.'

'어 쇼호스트 오빠, 이 사람 자주 나오네.'

등등 이유는 여러 가지이다.

이 모든 것이 쇼호스트의 이미지가 되고, 계속해서 고민해 나가면서 채널 고정을 위해 쌓고 만들어 가야 하는 이미지이다.

이 10초가 멈춰 줘야 쇼호스트의 멘트를 고객에게 들려줄 수 있고, 그래야 고객은 쇼호스트의 역량으로 상품을 설명하는 10~20분의 시간을 듣고 설득이 되어서 구매를 한다.

고객은 우리에게 관대하게 많은 시간을 주지 않는다.

1. 순간의 이미지로 기억될 요소 찾기(10초 내외)
2. 20분 안에 설득하기

쇼호스트의 이미지는 방송 상품과 잘 어우러져 있어야 한다.

'상품보다 내가 더 튈래. 난 이 옷을 꼭 입고 싶어.'

'나는 이 쇼의 주인공이니까.'

라는 생각은 상품과 쇼호스트가 엇박자로 어울리지 않아서 악영향을 미칠 수 있다.

쇼호스트는 나무를 보지 않고 숲 전체를 보는 안목을 길러야 한다.

무대 세트 이미지와 상품 이미지와 컬러에 어우러지는 전체적인 분위기를 상상하고 그려 낼 줄 알아야 효과적으로 고객을 사로잡을 수 있다.

고객을 맞이할 준비가 되어 있는 정성스러운 메이크업과 헤어스타일을 준비하는 것은 기본.

상품의 컬러와 무대의 컬러를 고려하고, 상품을 돋보이게 하고, 출연자에게도 잘 어울리는 색과 콘셉트를 잡는 것이 중요하겠다.

> 예시) 미용 상품
> - 목선이 드러나는 의상이 피부를 돋보이게 한다.
> - 파스텔 톤의 컬러가 피부를 돋보이게 하고, 형광색 의상은 피부를 검게 보이게 한다.

① 식품

식욕을 돋게 하는 레드, 오렌지, 옐로 컬러
깔끔한 화이트 셔츠로 셰프 이미지 연출

② 건강식품

건강한 기운을 불러일으키는 붉은색 계열

건강 전문가의 느낌을 주는 화이트 재킷

신뢰감을 주는 재킷

③ **보석 주얼리**

금이나 다이아몬드를 돋보이게 하는 블랙, 레드

파스텔 톤은 피하는 게 좋다

④ **과일**

톡톡 튀는 비비드 컬러, 초록, 오렌지, 옐로

야자수, 꽃무늬 패턴이 과감하게 들어간 이국적이고 개방적인 스타일

⑤ **보험**

무한 신뢰의 네이비 컬러
칼라가 있는 의상으로 신뢰감을 형성

⑥ **핸드백 잡화**

시각적으로 자극이 없는 컬러인 화이트를 매치해서 상품을 돋보이게 연출

⑦ **명품 고가 상품**

강렬하고 세련된 파란색 계열
우아함과 고고함의 상징 보라색 계열

2) 돈을 부르는 핸들링, 시연

나의 신입시절, 선배님이 해 주신 재미있는 조언이 생각난다.
"쇼호스트는 넘어질 때 얼굴을 가리는 것보다 손을 보호해야 해. 이 손이 얼마짜리인데."
쇼호스트의 능숙하고 현란한 손놀림에 업체는 웃고, 서툴고 실수투성이인 핸들링에는 울고 있다는 얘기가 나올 정도로 쇼호스트의 핸들링은 중요한 부분이다.
고객이 카메라 너머로 만질 수 없고 써 볼 수 없는 상품을, 쇼호스트

는 그들을 대신해서 만져 보고 사용해 보는 것으로 구매를 결정하게 한다.

실질적인 구매가 이루어지는 타이밍은 쇼호스트의 능숙한 설명의 시간이 끝나고 상품 시연을 성공적으로 보여 주는 시점이라는 통계가 있다.

결정적으로 고객의 마음의 문을 여는 핸들링 시연을 반복적으로 준비해 보자.

3) 내 손은 고객의 손, 고객의 눈

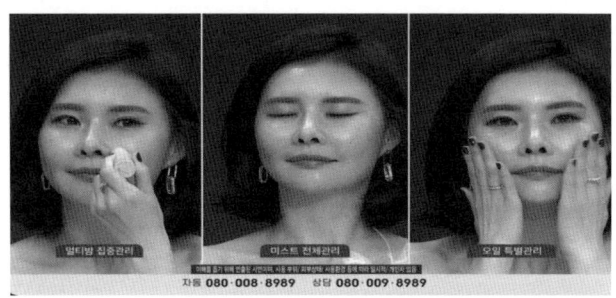

핸들링을 할 때에는 반드시 시청자의 시각과 방향을 파악해서 모니터 화면을 보면서 방향과 각도를 체크한다. 예를 들어 시계를 착용해서 보여 줄 때에도 고객의 입장에서 12시 방향이 자연스럽게 보이려면 방향을 바꿔 12시 방향이 아래로 가는 것이 바람직하다.

그리고 고객의 시선 속도와 맞추자. 항상 염두에 둘 것은 고객의 시선은 '느리다'라는 것이다. 중요한 시연 부분이 빨리, 후루룩 지나가지 않도록 천천히 정확히 보여 주는 게 중요하다.

방송 전 핸들링의 과정이나 동선은 미리 카메라와 맞춰 보는 것이 큰 도움이 된다.

매출 콜 상황에 영향을 미치는 중요한 시연이라고 판단되면 반복적으로, 수시로 보여 주는 것도 바람직하다.

과도하게 손을 움직이거나 큰 동작을 하는 것은 카메라 앵글에서 벗어날 수 있기 때문에 좋지 않다.

상품이 돋보여야 쇼호스트도 돋보일 수 있다는 생각을 항상 하고, 상품 핸들링을 능숙하게 하는 방법을 연구해야 한다.

오늘 상품을 처음 만나서 만지작거리는 느낌이 고객에게 들키면 신뢰감이 떨어질 수 있기 때문에 항상 상품을 사랑하듯이 연습하고 고민해야 한다.

멘트 연습만큼 중요한 것이 쇼호스트에게 핸들링이라는 것을 잊지 않아야 한다.

Check point
* 능숙한 핸들링
- 상품을 최대한 가리지 않게 상품을 잡는다.
- 항상 훌륭해 보이고 예쁜 각도를 잡아서 방송 전에 연습해 본다.
- 상품 핸들링은 과격하지 않게 천천히 소중히 다루듯이 진행한다.

3. 쇼호스트의 이미지 만들기

1) 신뢰성

다양한 미디어가 생겨나고 또 넘쳐 나고 있는 현실에서 영상 너머로 물건을 파는 사람을 여기저기서 볼 수 있다.

심지어는 집에서도 영상을 켜고 마음만 먹으면 수천 명의 시청자 앞에서 상품을 소개하는 일이 이상하지도 않은 세상이다.

이 홍수 같은 영상 세일즈맨, 영상 세일즈우먼들 속에서 누가 쇼호스트인가?

쇼호스트는 신뢰를 팔아야 한다.

쇼호스트라는 직업의 사명감이 매출 앞에 무너지지 않았으면 하는 바람이다.

오늘 더 팔기 위해 과장되고 근거 없는 말을 하는 쇼호스트에게는 내일이 없다.

잘 판매하고 싶은 마음에 오버하게 되고 과장, 허위 멘트의 유혹이 많을 것이다.

업체가 주는 상품 정보도 결국은 나의 입을 통해서 방송에 나가는 것이기 때문에 사실에 근거하는지 내가 확인해 봐야 하는 절차가 필요하다.

과장된 멘트가 쇼호스트에게 향후 불신감 배신감으로 돌아올 수 있기 때문이다.

한마디 한마디를 신중히, 정직하게 하고 오직 고객만을 생각한다는 마음으로 진정한 쇼호스트가 되어 보자.

Check point

* 쇼호스트들이 자주 쓰는 말
- A 타입(과장 표현)
  이 프라이팬은 **절대로 절대로** 안 벗겨져요.

마스크에 립스틱이 **절대로** 안 묻어납니다. **정말로 저를 믿어 보세요.**
- B 타입(신뢰성 표현)
　　이 프라이팬은 1,000번 긁힘 테스트를 통과해서 덜 벗겨져요.
　　마스크에 립스틱이 정말 덜 묻어나요. 물론 100프로 안 묻을 순 없겠죠. 근데 이건 좀 감동이 올 만큼 덜 묻어나요.

　　상품의 특징을 강조하되, 과한 과장이 되어 보이지 않도록 정직한 멘트를 고민해 보자.
　　멘트의 문제점을 발견한다면 즉시 인정하고 시정하는 것이 좋고, 차후에 고객의 불만으로 돌아오는 상품 과장 광고에 대해서도 빠르게 인정하고 사과하는 것이 방법이다.
　　진실과 정직은 쇼호스트에게 큰 재산이다.

2) 자신감

　　쇼호스트에게는 근거 없는 자신감은 통하지 않는다.
　　상품에 대한 공부와 고민이 많이 되어 있어야 고객들 앞에 당당할 수 있다.
　　자신감 없이 흔들리는 쇼호스트에게 물건을 사고 싶겠는가.
　　고객을 설득하기 전에 나 자신을 설득하지 않으면 물건을 많이 팔 수가 없다.
　　내가 업체와의 미팅 중에 잘 하는 말 중에 하나가 "저를 설득해 주세요. 제가 설득이 안 돼요"이다.
　　상품에 대한 확신을 갖기 위해 쇼호스트는 끊임없이 고민해야 하고,

업체와 MD가 주는 상품 정보를 내 것으로 만들어야 하겠다.

　쇼호스트는 상품을 누구보다 잘 알고 있어야 하고, 좋은 상품에 대한 확신이 있어야 자신감이 상승한다.

　방송을 맡은 상품을 많이 공부하고 경험해 봐야 상품과 친숙해질 수 있고 장단점을 파악할 수 있다.

쇼호스트 화법,
이것만 알면 쉽다

1. 말하는 기술

쇼호스트는 구매를 유도하는 도구를 설득으로 써야 한다.

실력 있는 쇼호스트는 말하려 하지 않고 설득을 하려고 한다.

하수는 방송 내내 '무슨 멘트로 채우지?', '또 무슨 말을 할까?'라는 고민을 하지만, 고수는 '오늘, 상품을 어떻게 하면 많이 팔지?'라는 고민을 한다.

쉽게 얘기하자면, 말을 잘하는 쇼호스트가 매출이 좋은 게 아니라 설득을 잘하는 쇼호스트가 더 많이 팔 수 있다는 것이다.

'팔아야 한다!', '많이 팔아야 한다!', '매출을 올리고 싶다!'라는 생각을 하게 되면 고객의 지갑을 열기 위해 공감을 구하는 멘트가 나오게 될 것이고, 설득을 하기 위해서 상품에 접근하면 상품을 보는 시각도 달라질 것이다.

설득에서 가장 중요한 부분은 소구가 작용한다.

'소구'란, 구매욕을 자극시키기 위해서 특·장점을 호소하여 공감을 구하는 과정을 말한다.

강의를 나가서 준비생들을 만나면 나에게 '소구가 어렵다'고 많이 애기한다.

우리가 보통 '어필'이라는 단어를 많이 쓰는데 '소구한다'가 '어필한다'라는 뜻이다.

나에게 너무 사랑하는 남자 친구가 있는데 부모님이 결혼을 극구 반대하고 계신다고 가정해 보자.

나는 어떻게든 내가 사랑하는 남자 친구와의 결혼 승낙을 받기 위해 온갖 방법을 써서 설득하여야 할 것이다.

남자 친구의 장점을 늘어놓아야 하고, 이 사람을 놓치는 경우를 상상해서 내 인생이 불행해지는 일들도 얘기해야 하고, 부모님께 사정사정도 해 보아야 하고, 이게 안 먹히는 것 같으면 떼굴떼굴 구르면서 떼도 써 보아야 하고, 눈물도 뚝뚝 흘려 가며 동정도 사야 하고, 더러는 남친이 가지고 있는 장점을 최대한 부풀려서 얘기하며 설득도 해 보아야 할 것이다.

홈쇼핑의 방송은 이런 것이다.

끊임없이 고객의 마음을 열기 위해서 정보를 주고, 어르고 달래고, 칭찬해 주고, 고상한 협박도 하는 한 편의 설득의 드라마, 공감의 과정인 것이다.

자, 그럼 설득의 커뮤니케이션을 잘하기 위해 고객의 마음을 움직이는 소구 화법을 알아보자.

1) 이성적 소구

상품을 선택하게 하기 위해서 지식과 정보를 명료하고 논리적인 방법으로 제시하는 형태를 의미한다.

주로 가전용품이나 보험, 금융상품, 건강식품, 생필품과 같이 상품의 속성·사양 등을 강조할 때 많이 쓰인다.

예를 들어 최신식 냉장고가 출시되었는데 타 브랜드 냉장고에 비해 월등히 많은 성능에다가 가격까지 경쟁력이 있다면 이 부분은 반드시 논리적으로 고객들의 이성에 호소하는 근거들을 제시해야 한다.

반대로 성능이 좀 떨어지는, 차별점이 별로 없는 냉장고를 판다면 타사 것보다 내세울 장점이 없기 때문에 이성적인 논리보다는 감성적인 설득을 활용하는 것이 낫다.

이렇게 이성vs감성을 적절히 상품에 맞게 선택적으로 적용할 수 있어야 하고, 지금 내가 하고 있는 방송 시간 안에서도 이성과 감성의 줄타기를 하는 것이 바람직하다.

이성적 소구는 논리적인 메시지 전달을 위해서 정확한 수치, 통계, 객관적 정보를 주고, 전문가나 유명인의 증언을 활용해서 정보의 정확성을 강조하기도 한다.

상품의 정보를 효과적으로 전달하는 것은 쇼호스트의 본질이다. 이성적 소구를 할 때는 보다 간결하게, 명확하고 쉽게, 자신 있는 말투로 진행하는 것이 좋다.

예시)
- 건강 기능 식품
- "갱년기 여성분들은 꼭 신경 쓰셔야 하는데요. 갱년기 이후에 발병률이 높다는 통계자료도 나와 있습니다.
골밀도가 10프로 증가하면 골다공증 발병을 13년이나 늦출 수 있다는 연구결과가 있습니다.
그러나 실망할 필요는 없습니다.
이 ○ 상품에 들어간 ○○ 원료의 특징은 뼈의 골밀도를 증가시키고, 뼈의 골강도를 증가시키는 인체 적용 실험 결과가 나와 있습니다.
꾸준히 드시고 뼈 건강에 도움을 받아 보세요."

통계자료의 수치를 전달하거나 상품 특징의 중요 단어를 얘기할 때는 좀 더 천천히, 또박또박 강조하거나 연속 반복해서 언급을 해 주는 것이 소구에 도움이 된다.

예시)
- 건성 피부용 화장품
- "여러분! 이 상품은 피부가 많이 건조하신 분들에게 추천 드리고 싶습니다. 왜냐하면 이 쿠션에는 색조에도 불구하고 무려 60퍼센트(크게 또박또박)! 육~십(또 강조하기)! 퍼센트의 에센스 성분이 들어 있습니다."

단, 지나친 이성적인 소구가 이어지면 자칫 지루할 수 있기 때문에 유머와 흥미를 주는 멘트를 섞어 가면서 진행하는 것도 중요하겠다.

2) 감성과 마주하기

마케팅이 마주하는 벽은 시장도 경쟁 상대도 아니다
바로 사람의 마음이다

— 'CEO의 코스요리' 저자 천위안

고객의 정서나 감정을 자극해서 상품에 대한 관심을 갖게 하고 구매를 유도하는 데 목적이 있다.

사람이 가지고 있는 다양한 감정들, 즉 고마움, 사랑, 감동, 미안함, 즐거움, 낭만, 짜증, 설렘, 그리움 등등의 감정의 공감을 일으켜서 설득하는 방법이다.

백 마디 말로 아무리 설명을 잘해도 고객의 마음의 공감이 이루어지지 않으면 아무 소용이 없다.

나의 말을 잘 들어 주고, 이해해 주는 사람이 좋은 것처럼 고객들도 정서적 공감이 이루어져야 고개를 끄덕끄덕하며 마음이 움직이는 것이다.

고객에게 가장 인간적인, 사람 냄새 나는 쇼호스트가 되어 보는 것은 어떨까.

감성적 소구는 고가의 사치 상품, 주얼리, 패션, 화장품, 커피, 향수 등에 적절히 활용하면 많은 도움이 된다.

예시)
- 홈쇼핑 주얼리 방송
- "오늘은 여자들의 꿈, 로망인 1캐럿 다이아몬드 반지를 준비했습니다. 1캐럿 다이아몬드를 저는 일평생 처음 껴 봅니다. 프러포즈할 때도 못 받아 봤거든요.
우리 고객님들 덕분에 제가 다이아 반지를 끼고 이렇게 호사스럽게 보여드리고 있습니다.
저희 친정엄마도 다이아몬드 반지를 갖고 있지 않으세요. 이렇게 쉽게 껴 보지 못하는 1캐럿의 다이아몬드! 이제는 우리 여자가 스스로 나 자신을 위해서 준비해 보는 건 어떨까요. 우리 열심히 살았고 이런 호사를 누릴 권리… 있지 않을까요."
- 데낄라
- '리듬을 마신다'
- 한국관광공사
- "떠나세요, 가을은 짧지만 가을의 추억은 깁니다."
- 박카스
- "난 오늘 나에게 박카스를 사 줬습니다. 2016년, '나를 아끼자'."

어느 날 후배 쇼호스트가 어버이날을 앞두고 홍삼 판매 생방송을 진행했다. 부모님 선물로 추천 드린다고 멘트를 하면서 후배는 멀리 계신 부모님이 생각이 났고, '더 잘해 드리지 못함에 미안한 마음이 든다'라고 멘트를 하면서 그만 울음이 터져 버렸다고 했다. 그 상황에 PD는 순간 당황을 했지만 재빠르게 쇼호스트의 눈물이 범벅된 얼굴을 클로즈업했다. 쇼호스트는 이미 감정이 북받쳐서 멘트를 이어 가지 못했고, 울먹이며 말했다. "여러분, 효도하세요. 부모님은 효도할 시간을 넉넉히 내어 주지 않는 것 같아요… 엉엉…."

이런 모습이 홈쇼핑에 방영이 된 적이 있다. 그 시간의 매출은 평소 홍삼 방송보다 훨씬 훌륭했고, 주문 콜 그래프 추이로 보면 홍삼의 특·장점 설명을 할 때보다 쇼호스트가 울먹이며 했던 감성 소구 멘트 시간에 주문 콜이 더 올랐다고 한다.

세상 불효자들의 마음이 동요되어 주문을 하지 않았을까….

때로는 이렇게 이성보다는 감성의 호소가 크게 한 방으로 다가올 때가 있다.

그러나 여기서 중요한 건 진심이 빠진 감성 소구는 죽은 것이나 다름없고, 그러는 척하는 감성 소구는 아무짝에도 쓸모없다는 점이다.

그걸 다른 쇼호스트가 매출을 위해서 율음바다를 흉내 낸다고 가정하면 과연 똑같은 매출이 나올까?

그 순간에 진심을 담지 않은 흉내 내는 공감은 고객에게 바로 들켜 버린다는 사실을 명심해야 한다.

매번 진심을 담아서 고객의 마음을 움직여 보자.

3) 비교만이 살길

내 상품이 월등히 좋은 것을 강조하기 위해서는 그것보다 좋지 않은 상품을 옆에 두고 비교해서 보여 주는 것이 내 상품의 가치를 올리는 전술이다.

나는 키가 작고 아담한 편이다. 방송을 혼자 서서 진행할 때에는 어떻게든 좀 더 키가 작아 보이지 않게 하이힐도 신고, 키가 커 보이는 하이웨스트 바지도 입어서 커버를 할 수가 있다.

하지만 키가 170이 넘는 후배랑 방송을 같이 하게 되면 내가 아무리 발버둥을 쳐도 짜리몽땅한 키가 비교되는 바람에 더 작아 보일 수밖에 없다.

반대로 후배 쇼호스트는 "선배님 옆에서 방송하면 제가 너무 거대해 보여요"라고 웃으면서 푸념을 한다.

상대적으로 비교가 되면 보는 사람 입장에서는 그 차이를 더 크게 실감하게 되고 느끼게 되는 법이다.

사과의 알 크기가 큰 게 있으면 옆에 더 작은 것을 함께 보여 줘야 크기가 강조되는 것이고,

두께가 두꺼운 이불이 있으면 그 옆에는 얇은 이불이 비교되어야 두꺼운 이불이 강조되기 마련이다.

비교 소구는 심플하고 간단하면서도 설득이 잘되는 요소이다.

상품의 성능을 설명할 때도 비교 소구가 적절히 들어가면 효과적이다.

쇼호스트는 강점을 알리기 위해서는 강점이 덜한 그 무언가를 찾아내어 비교하는 강조법을 잊지 않아야 한다.

예시)
- 헤지스
  - '굿바이! 폴'(빈폴과 폴로를 깎아내림)
- 미스터피자
  - '피자헛 드셨습니다'(피자헛을 깎아내림)
- 아시아나 항공
  - '헌 비행기를 타시겠습니까? 새 비행기를 타시겠습니까?'(대한항공을 깎아내림)

여기서 주의해야 할 점은 타 브랜드를 과하게 비방하는 것은 옳지 않다는 점이다.

포인트는 비방이 목적이 아니라 내 상품의 장점이 부각되는 것이 목적이라는 사실을 알아 두자.

4) 위협 소구

"불안하면 산다."
"공포는 동기를 부여한다."
"공포는 촉구한다."
"공포는 사람들에게 행동을 취하게 한다."
"공포는 사람들에게 돈을 쓰게 한다."

- 드류 에릭 휘트먼 지음

누군가를 설득하려 할 때 이득을 강조하는 것보다 손실을 강조하는 것이 효과적이다.

'내가 이 상품을 구매하면 난 어떠한 것을 얻을 수 있구나…'라고 생각하는 것은 너무나 당연하다.

이보다 자극적인 것은 '말을 뒤집기!' 즉 이걸 구매하지 않았을 때 일어나는 나쁜 요소들로 약간의 걱정과 두려움을 주는 것이 더 효과적인 방법일 수 있다는 것이다.

담배 상자에 흡연자의 끔찍한 폐 사진을 붙이고 과한 흡연의 위험성을 강조하고 있는가 하면, 안전운전 공익광고에서 보여 주는 교통사고가 난 일가족의 모습을 담은 장면을 보면서 안전운전을 강조하는 등 이런 유형의 마케팅이 위협 소구의 예시이다.

여기에 명쾌한 해결방법까지 제시해 준다면 고객들의 마음을 움직이는 좋은 설득 요소가 된다.

홈쇼핑 방송들을 자세히 들여다보면 방송의 양념처럼 위협 소구가 곳곳에 숨어 있다. 짧은 시간에 강렬한 인상을 줄 수 있고, 고객의 머릿속에 각인이 될 수 있는 메시지를 위협 소구로 던져서 구매를 유도하는 것이다.

약간의 긴장감은 인간관계에서도 필요한 것처럼, 고객에게 약간의 불안함과 긴장 요소를 주는 것도 고객의 마음을 밀당하는 스킬이 될 수 있다.

여기서 위협 소구의 강약조절은 매우 중요한 포인트인데, 무엇이든 과하면 거부감이 들 수 있겠다.

약간의 불안 요소는 설득의 윤활유가 되어서 작용하고, 오늘 판매할 상품이 그 불안에 대응하는 명쾌한 해결책이 되어야 한다.

위협 소구가 어울리는 상품은 보험(암, 치매, 치아, 교통사고), 건강기능 식품, 공기 청정기, 화장품, 의료기기 등등 노화, 건강, 수명 연장, 미용과 관련된 상품들이다.

그렇다고 위협 소구를 거창하고 어렵게 생각할 필요는 없다.

예시)
- 썬 쿠션 자외선 차단 상품
- "위의 사진은 트럭 운전을 수십 년 하신 할아버지 얼굴이에요. 유난히 얼굴 반반이 서로 달라 보이지 않으세요? 제 눈에는 오른쪽 얼굴 반쪽이 10년은 더 늙어 보여요.

주름도 너무 자글자글하고, 피부 탄력도 없고, 눈꺼풀도 더 내려 앉아 있고… 어떻게 한사람의 얼굴에서 절반 한쪽만 저렇게 나이 들어 있을 수 있을까요?

이유는 오랜 세월 트럭 운전을 하면서 창문을 뚫고 들어오는 자외선을 한쪽으로 더 강렬하게 받았기 때문입니다.

여러분, 너무 충격적이죠? 자외선이 이렇게 사람 피부에 어마어마한 영향이 있다는 거예요.

아무리 피부 관리 한답시고 비타민 바르고 비싼 화장품 바르면 뭐 하나요… 피부를 뚫고 들어오는 자외선을 막지 않으면 우리는 빛의 속도로 늙을 수밖에 없답니다.

게다가 지금 8월의 자외선은 겨울의 자외선보다 2배나 높기 때문에 이걸 그대로 피부가 흡수한다고 생각하면 정말로 끔찍하네요.

피부 관리의 시작은 첫째도 자외선 차단, 둘째도 자외선 차단!

쉽게 자주 해 줄 수 있는 자외선 차단제를 꼭 선택해 보세요.

오늘 제가 소개해 드리는 자외선 차단제는 SPF50 최고지수 자외선 차단제로 운전하거나 운동을 나갈 때도 얼마나 마음의 안심이 되는지 몰라요."

위의 내용은 판매 상품의 특성이 아직 본격적으로 자세히 나오지는 않았지만 고객의 관심과 불안 요소를 자극하는 데 성공할 수 있고, 나아가 상품의 특·장점과 상품 시연이 자연스럽게 연결되면서 고객의 마음을 여는 데 큰 도움이 될 수 있다.

이렇게 쇼호스트의 위협 메시지를 공감시키는 것이 중요하고, 그다음 과정은 '내 상품이 안전하다', '좋다', '문제에 관한 해결 방법이다'라는 메시지가 연결되어야 한다.

예시)
- 암 보험 상품
- 일반 설명 긍정 효과
  누구보다 소중한 우리 가족의 행복한 미래를 위해서 가장의 암 보험은 아주 중요합니다.
  암 진단을 받으시게 되면 진단금이 나와서 생활비에도 보탬이 될 수 있습니다.

  VS

- 위협 소구
  열심히 가족을 위해서 일만 하던 남편이 어느 날 암에 걸리게 된다면… 앞이 캄캄한 소식 앞에 당장의 생활비는 누가 주는지…. 끝이 보이지 않는 간병비에 치료비는 어찌 감당해야 할까요.

예시)
- 연골 건강식품
- 일반 설명 긍정 효과
  연골 건강에는 이만한 성분이 없죠. 노후의 여행도 가시면서 멋진 삶을 위해서 연골은 항상 신경을 쓰시고 관리하면 얼마든지 좋아질 수 있습니다.

  VS

- 위협 소구
  내 마음은 청춘인데 이놈의 연골 때문에 오래 걷지도 못하고, 가고 싶은 곳도 갈 수 없는 휠체어 타는 신세가 된다는 건 너무나 싫습니다.

5) 내 상품을 1000% 돋보이게 하는 언어 포장(프레이밍 효과)

두 의사가 있는데 의사1 은이 수술을 받으면 "10명 중 9명은 살 수 있습니다"라고 한다.

의사2는 이 수술은 "10명 중 1명은 죽습니다' 했다. 여러분은 어느 의사에게 수술을 받고 싶은가?

같은 확률의 생존율을 설명하고는 있지만 의사1에게 수술을 맡기려고 할 것이다. 10명 중 9명이나 살 수 있으니까! 이게 바로 언어를 포장하는 기술이다. 같은 메시지이지만 표현방식에 따라 동일한 상황임에도 불구하고 상대방의 판단이나 선택이 달라질 수 있다.

언어 포장을 생각하면 어느 외국 여배우의 인터뷰가 생각이 난다.

3번 이혼한 그녀에게 기자들이 질문을 쏟아 냈다.

"3번의 이혼으로 겪는 아픔들과 생각들은 어떠한가요…?"

그녀 왈, "저는 누군가와 3번을 뜨겁게 사랑한 경험이 있는 사람입니다. 왜 이혼 얘기만 물으시나요?"

기가 막힌 대답이지 않은가?

같은 현상이지만 상대방에게 그 현상을 더 긍정적인 방향으로 왜곡되게 보이게 하는 기술. 이게 바로 언어 포장, 프레이밍 효과라고 하는 것이다.

쉽게 말해서 '아 다르고 어 다르다'라는 표현을 생각하면 될 것 같다.

이 방법은 홈쇼핑 방송에서도, 매출의 성패가 달렸다고 해도 과언이 아닐 만큼 고객의 마음을 훔치는 데에 중요한 역할을 하고 있다. 언어 포장이 곧 각자의 쇼호스트의 역량, 실력을 판가름할 수 있는 중요한 부분이 되는 셈이다.

똑같은 상품 정보를 바탕으로 방송을 하지만 쇼호스트들의 방송 스타일이 달라 보이는 것도 상품을 보는 관점에서 각자 상품을 포장하고 언어를 포장하는 관점이 달라서 그런 것이다.

항상 쇼호스트는 상품 정보, 특징, 소구점, 가격 조건을 더 유리한 쪽으로 언어 포장을 할 수 있어야 한다.

쇼호스트 준비생들이 생각할 때, 쇼호스트를 상품 정보를 전달하는 사람으로만 착각하는 친구들이 있다.

라이브 방송 전날 밤을 새며 달달 외워 공부를 하고, 화장품 성분 이름, 논문 서치까지 완벽히 준비해 오지만 그 방송이 왠지 지루하고 평이하다는 생각이 들기 마련이다.

그 공부한 내용을 이쁘게 포장하는 기술이 없으면 상품의 팩트만을 늘어놓는 시간이 되어 버리기 때문이다.

이제 상품의 정보는 고객이 원한다면 방송 중에도 서치해서 더 자세히 찾아볼 수 있다. 어쩌면 고객이 쇼호스트보다 더 많은 정보를 알고 있을 수 있다.

고객이 듣고 싶은 건 자신을 혹하게 하는 얘기들일 것이다. '내가 지갑을 여는 명분을 만들어 줘.' '내 마음을 흔들어 놔 봐!'

쇼호스트는 여기서 더 한 단계 나아가서 어떤 팩트(fact)를 설명하거나 보여 줄 때 언어의 포장 기술이 있어야 한다.

선물도 포장 박스가 이쁘고 정성스레 포장이 되어 있으면 이미 마음을 뺏긴다.

언어 포장의 기술은 상품을 애정 어린 눈으로 바라보는 시각에서부터 출발한다고 생각한다.

쇼호스트는, 그 어떤 현상이 너무도 당연한 얘기이더라도 그 당연한 얘기를 훨씬 특별하고 탁월하다고 생각하고 표현해야 한다.

내가 상품을 귀하게 여기지 않으면 고객도 상품을 귀하게 여기지 않는다.

상품을 특·장점을 평이하게 지나치지 말고 귀하게, 귀하게, 특별하게 표현하는 습관을 들여야 한다.

어떻게 보면 '저 당연한 얘기를 뭐 저리 유난을 떨어?' 할 정도로 말이다.

그 귀하게, 귀하게 공들여서 말하는 언어 포장이 고객에게는 깊이 각인이 되어서 지갑을 열게 될 동기가 될 것이다.

예시)
- A 쇼호스트
- "이 생리대는 다른 생리대보다 1센티미터 더 길어서 활동하기에도 안심이 된답니다."
- B 쇼호스트
- "기적의 1센티를 아시나요? 여자의 불안함을 들었다 놨다 하는 이 기적의 1센티미터만큼 더 길어서 안심이 된답니다."

예시)
- "A 물잔에 물이 반이나 남았네."
- "B 물잔에 물이 반밖에 남지 않았어."

분명히 같은 현상이지만 우리는 다른 생각을 지니게 되는 두 문장일 것이다.

이렇듯 생각과 판단의 흐름을 다르게 움직여 주는 사람이 쇼호스트이다.

A호스트	B호스트(언어 포장)
"이 안마의자는 월 선납금 300만 원을 먼저 내시면 됩니다. 그리고 제휴카드 할인도 있습니다. 그러면 월 렌털비 6만 원대로 안마의자를 들여놓으실 수 있습니다." (선납금이 너무 많은 금액이라 부담도 가고 선납금의 의무사항을 강조하는 느낌이어서 처음부터 중압감이 든다)	"선납금에 제휴카드 할인까지 받으시면 월 렌털비가 6만 원대로 훅 줄어들어서 부담 없이 온 가족 모두 호강하는 안마를 집에서 받을 수 있습니다." (선납급의 부담은 슬쩍 넘어가면서 혜택을 많이 받으며 렌털을 받는 느낌이 들게 함)
"아까도 말씀드렸는데요."	"이렇게 중요한 건 반복해서 말씀드려야 해요."
"현재 100세트, 60세트 판매 되었습니다."	"현재 40세트밖에 안 남았습니다. 절반 이상이나 나가 버렸어요."
"프라다 신상 핸드백 250만 원이구요. 무이자 10개월 해 드립니다."	"프라다 신상 핸드백을 월 25만 원만으로도 구매 가능하다니까요. 우리에게는 무이자 10개월이 있으니까요." (월 부담 가격을 더 강조하면서 비싼 가격의 체감을 낮춤)

Check point

* 유지방 5% 우유 vs 무지방 95% 우유
* 5% 정제수 함유 화장품 vs 95% 자연성분 화장품
* 19,900원 티셔츠 vs 20,000원 티셔츠

고객들에게는 긍정적인 프레임을 형성해서 공감대를 만드는 것이 유리하다.

쇼호스트의 말의 힘으로 고객의 생각과 흐름이 움직인다는 사실을 잊어서는 안 된다.

6) 짧고 깊게 말하라

여러분은 지금 판매할 상품이 어떤 상품인지 10초 안에 설명할 수 있는가?

인간의 평균 집중 시간은 10초 이내라고 한다.

10초 안에 보는 사람의 시선을 사로잡고 뇌리에 남는 말을 남기기란 어려운 일이다.

의외로 어려울 것이다. 해 줄 얘기가 무지 많기 때문이다. 이것도 얘기해야 하고, 저것도 얘기해야 하고. 머릿속이 복잡해질 수 있다.

학생들에게도 15분의 시간을 주고 상품 PPT를 시켜 보면 처음에는 시간이 너무 길다고, 시간이 남으면 어떡하냐고 얘기하지만 막상 PPT를 시작해 보면 오히려 시간은 오버되고 시간이 모자란다고 얘기들을 한다.

쇼호스트의 화법에는 가지치기, 잔디 깎기를 하는 작업이 필요하다. 잔디를 깎고 잡초를 뽑아야 비로소 꽃이 돋보일 수 있다.

아마추어는 문제를 복잡하게 만들고 프로는 문제를 단순화시킨다.

- 카를로스 곤

테라스에 반려 식물들을 키우다 보면, 불필요한 가지들을 잘라 내 줘야 그 옆 가지에서 꽃이 피고 건강해진다.

불필요한 부분이라고 생각하면 과감하게 싹둑 자르는 능력이 필요하다.

그래야 나머지 메시지를 또렷하게 기억할 수 있다.

상품의 특·장점도 10개 중 7개는 버리고 나머지 3개만 더 명확하고 간결하게 강조하는 방향이 훨씬 설득력이 있다. 고객은 상품의 특·장점 10개를 설명하는 도중 이미 1번, 2번, 3번, 4번째는 기억하지 못한다. 가짓수가 많은 것은 없는 것과 같다. 강조하는 내용이 많아지면 많아질수록 오히려 평이하게 보일 수 있기 때문에 우리는 옥석을 가려서 더 좋은 것만 강조하는 능력을 발휘해야 한다.

10분 동안 10개의 장점을 말하는 것이 아니라 10분 동안 3개의 장점을 계속해서 무한 반복하여 설득하는 것이 홈쇼핑의 바람직한 설득 방법이라는 것이다.

단 3개로 단순화시킨 다음 해야 할 일은, 그 3개의 장점을 더 강력하게 설득할 수 있는 사례, 비교, 나의 경험 간증, 감성 공감을 총동원해야 하겠다.

홈쇼핑은 교육방송이 아니라 무의식의 흐름에 가깝다.

'필요 없다가도 나도 모르게 주문을 하고 있네….' 이게 홈쇼핑이다.

단순하게, 강렬하게, 반복하기를 잘해야 구매할 마음이 없던 고객의 마음속에도 각인이 되어 매출이 발생하게 된다.

다음으로는 멘트로 사용할 문장에도 다이어트를 해야 한다.

그리고 중요한 메시지를 먼저 던져야 한다. '왜냐하면…' 이렇게 선방으로 메시지를 날리고 후방으로 근거 제시를 하는 방식으로 멘트를 풀어 나가는 것이 좋다.

고객은 기다려 주지 않는다. 연애로 따지면 늘 밀당하는 나쁜 남자 스타일.

언제 또 변심할지 모르니 매사를 신경 써서 중요한 메시지를 단순화해서 계속 강조하면서 붙잡고 있어야 한다.

다음으로 간결함은 쇼호스트의 멘트 문장에도 필요하다.

신입 쇼호스트 시절을 떠올려 보면 말을 꽤나 유창하게, 잘하게 보이고 싶었나 보다.

한 문장에 있는 거 없는 거 다 끌어다가 문장에 멋을 부린다는 생각으로 말을 늘려서 하던 때가 있었다.

지금은 그런 멘트의 전개가 전혀 도움이 되지 않고, 트렌드가 아니라는 걸 알고 있다.

묵직한 짧은 한마디가 더 울림이 있는 법이다.

먹을 정성스럽게 갈아, 굽은 붓에 먹물을 꾹 적신 다음 힘 있게 내려진 한 줄의 선을 그려 내는 동양화에는 현란한 색깔도 기교도 없지만 그 간결한 선 하나가 강렬한 울림과 메시지를 주기 마련이다.

여러분은 한 문장을 더 간결하게, 군더더기 없이 말하는 연습을 해 보기 바란다.

문장이 길면 내 마음의 본질이 보이지 않을 수 있다. 오히려 말이 간결하면 메시지가 잘 들리고 고객의 마음에 더 깊이 와닿을 수 있다.

문장의 다이어트. 불필요한 지방 살을 쫙 빼는 마음으로 담백하게 한 문장 한 문장을 뱉어 내 보자.

대신 담백한 문장 속에는 항상 진심이 묻어나야 한다.

예시)
- 경품 당첨률이 높을 것으로 보인다 → **경품 당첨률이 높다**
- 이 침대는 편안함을 맛보실수 있고, 고급스러운 느낌을 만날 수 있다 → **이 침대는 굉장히 편안하고 고급스럽다**
- 부드러운 느낌을 가져가실 수 있다 → **참 부드럽다**
- 베개는 수면의 질에 굉장히 많은 영향을 미치는 것으로 보인다. 여러분도 항상 잠이 부족하고 수면의 질이 떨어진다면 반드시 자신의 베개를 점검해 볼 필요가 있다.

  잠을 깊게 못 잔다는 것은 우리의 일상생활을 위협하는 큰 요소가 되기 때문에, 삶의 질을 높이기 위한 요소 중에 하나로서 깊은 잠을 유도하는 성능 좋은 베개로 바꿔 보는 건 어떨까 싶다 → **수면의 질에는 베개가 중요하죠. 여러분도 항상 잠을 설치십니까? 베개를 바꿔 볼까요.**

  잠을 못 자면 일상이 힘듭니다. 불행한 생각마저 듭니다. 일도 잘 안 됩니다.

  일상의 행복을 위해서 베개를 바꿔 봅시다.

2. 말하지 않는 기술

침묵이 의사와 감정을 대신하여 기능하고 있다.

– 조제프 앙투안 투생 디누아르 신부

모처럼 친구들 모임에 나갔는데 누군가가 계속 자기 말만 늘어놓고 있다. 주위 사람들 분위기는 아랑곳하지 않고 쉴 새 없이 자기 이야기만 하고 자신의 주장만 끊임없이 펼치고 있다고 하자.

누가 계속 이 자리에 오래 있고 싶다고 생각하겠는가?

'저 인간 얘기 언제 끝나? 아~ 집에 빨리 가고 싶다….'라는 생각을 하는 것은 당연하다.

이렇게 틈만 나면 자기 말을 쏟아 내고 끊을 틈도 주지 않고 말을 계속하면 그 대화 자리는 금방 끝나기 마련이다.

일상적인 자리에서 좋은 대화법은 무엇일까?

말을 적게 하고 자신의 이야기를 적게 이야기하는 건 어떨까?

오히려 말을 줄이고 들어 주는 것으로도 훌륭한 대화가 가능하다.

내 얘기를 잘 들어 주고 나의 이야기를 잘 공감해 주는 친구랑은 오래오래 보고 싶고 또 만나고 싶어진다.

홈쇼핑 방송은 쇼호스트가 일방적으로 쏟아 내는 정보의 쓰레기통이 되어서는 안 된다.

한 순간 시끄럽고 자극적으로 방송을 해서 이목을 끌 수도 있으나 쉽게 질리고 길게 듣고 싶지 않은 상황이 될 수도 있다.

판매 방송에도 쉼표는 존재한다.

말하고 쉬어 주고, 말하고 들어 주고, 말하고 공감해 주고, 중요한 메시지를 전달할 때일수록 더, 더 쉬어 가며 숨 고르기를 할 때에 쇼호스트의 메시지는 더 잘 들린다.

'3초의 침묵'(이시다 켄이치 저)에서는 내가 전하고 싶은 바를 상대에게 각인시키는 효과를 얻을 수 있는 게 3초의 침묵이라고 얘기한다.

방송을 할 때 내가 꼭 각인시키고 싶은 '이것'으로 한 방에 날려 버릴 강력한 전달법이 필요하다면, 강조하고 싶은 말 앞에 의도적으로 3초의 공백을 만들어 보자.

중학교 시절 학급 반장을 할 때, 칠판 앞에 서서 전달사항을 얘기할 때마다 아이들이 너무 떠들면 내가 쓰던 방법이었다.

아무리 소리를 질러 대며 떠드는 사람 이름을 적겠다고 협박해도 말을 듣지 않았고, 탁자를 툭툭 치며 소리를 고래고래 질러도 먹히질 않았다.

그때는 침묵밖에 답이 없었다.

반 아이들 한 사람 한 사람을 응시하며 단호한 표정으로 계속 침묵을 지키고 있는 것이다.

웅성웅성하던 소리가 어느덧 사라지고 반 아이들은 나에게 집중해 주었다.

이렇게 침묵을 적절히 끼워 놓으면, 고객은 쇼호스트에게 더 집중을 하게 되고 그 후 말하는 쇼호스트의 메시지는 임팩트(impact)가 된다.

무조건 말만 많이 하는 쇼호스트보다 가끔 과묵하지만 뭔가 인간미가 느껴지는 쇼호스트가 되어 보자.

멈추면 비로소 보인다는 말이 있듯이 분위기도 환기시킬 수 있고, 고객의 소리에도 귀 기울일 수 있고, '저 쇼호스트에게는 뭔가 다른 게 있단 말이야… 왠지 끌려….' 하는 말이 3초의 침묵으로 흘러나올 수 있을 것이다.

때로는 침묵의 시간이 오히려 다양한 감정을 교류하기도 하고, 집중력을 증폭시키는 윤활유 역할을 한다.

김치 판매 방송을 할 때,

맛깔스러운 김치를 투박하게 손으로 쭉 찢어서 하얀 쌀밥 위에 툭 하니 올린다.

뜨거운 밥을 후후 불어 대며 맛있게 먹을 생각을 하며 설레는 눈빛이 나온다.

입을 크게 벌려서 한입에 쏙 넣고 한참을 맛깔스럽게 씹으며 아무 말도 하지 않는다.

맛을 계속 음미하면서 감탄사만 흘러나온다.

더 이상 무슨 말이 필요하겠는가?

오히려 마이크를 타고 들리는 오독오독 사각사각 김치 씹는 소리만 들릴 뿐.

그 순간 고객은 침이 꼴깍 넘어가며 멘트를 기다릴 것이다. '제발 무슨 말이라도 해 줘. 맛이 어때?'라고 말이다.

그럼 그 순간 침묵을 깨고 흘러나오는 쇼호스트의 한마디. "엄마가 금방 김장을 해서 보내 주신 김치 생각이 났어요. 어쩜 양념이 엄마 김치랑 똑같을까요? 기가 막힙니다!"

고객과의 소통은 언어로만 이루어지는 것이 아니라는 것을 명심해야 한다.

말을 하지 않을 때에도 눈빛, 호흡, 웃음소리, 이 모든 것이 소통의 소재가 된다.

말을 하고 있지 않아도 우리는 고객과 끊임없이 소통하고 있고, 고객의 마음을 움직이고 있다.

모 후배 쇼호스트는 방송 중에도 웃음이 많은 친구였다. 가끔은 너무 웃어서 실없어 보일 때도 있었다.

너무 허물없이 박장대소하면서 목젖을 드러내면서 웃는 것이 습관인 친구였다.

그 친구는 주문이 많을 때도 웃고, 상대 쇼호스트가 무슨 말을 건네도 크게 웃고, 고객 댓글에도 크게, 크게 웃으면서 반응을 했다.

그 웃음소리는 소통의 연결고리가 되었고, 쇼호스트의 트레이드마크가 되었다.

댓글에는 이런 내용이 가득했다.

"○○ 씨 웃음소리가 너무 좋아요."

"TV를 켜 보니 ○○ 씨의 웃음소리가 들리네요."

"웃음소리 들어 보니 ○○ 씨 맞죠? 반가워요~"

"○○ 씨 웃음소리는 백만 불짜리! 최고최고…."

방송을 진행할 때 어색하고 초조하고, 불안감이 들 수도 있다. 이럴 때일수록 급할 건 전혀 없다.

말을 이어 나가야 한다는 괜한 의무감에 쓸데없는 말을 덧붙이는 것보다 이러한 침묵에 익숙해져 보자. 웃음소리만으로도 충분한 순간들이 있다.

고객으로 하여금 유창하게 말하는 것보다 침묵이 편하다고 느낄 수 있도록 한다면 침묵은 곧 나의 무기가 될 수 있다. 침묵을 할 때 가장 좋은 소통의 습관은 '들어 주기'이다.

상대 쇼호스트의 말에도 귀를 기울여 주어야 하고, 고객의 댓글도 정성껏 대응해 줘야 한다.

적절한 맞장구와 표정, 미소 등 비언어적인 호응을 섞어 가며 열심히 들어 주자.

이러한 좋은 커뮤니케이션은 자연스럽고 좋은 방송을 만들어 낸다.

말하지 않는 기술을 터득한 여러분은 진정한 커뮤니케이션의 왕이 될 수 있다.

방구석에서 판매왕 되기
3 STEP

1. Step1) 매출 높이는 판매전략 세우기

1) 나에게 어울리는 상품인가?

쇼호스트 신입시절 자신감으로 똘똘 뭉쳐 있던 나의 20대를 회상해 본다.

2년 차 정도 되던 해에 손톱 2배 정도나 되는, 알이 큰 루비 반지 방송의 메인 쇼호스트로 방송을 하게 되었다.

업체와 MD, PD가 함께 모여서 미팅을 하게 되었는데 모두가 걱정의 눈초리였다.

왜 그러지? 나를 못 믿나?

그래도 그 당시 나의 마음은 '내가 방송 잘하면 되잖아….'라는 생각뿐이었다. 그래서 그날부터 천연 보석을 공부하고 모든 자료를 스크랩했고, 선배들의 각종 보석 방송을 모니터링했다.

완벽하게 준비를 하고 방송에 들어갔다. 의상도 헤어도 완벽했다.

그러나 방송에서 반지는 사이즈는 가장 작은 사이즈를 껴 봐도 손가락은 커서 휘휘 돌아가고 가녀린 손가락에 왕만 한 루비 반지를 껴 보니 영락없이 엄마 반지 껴 본 아이 같은 느낌이 들었다.

매출이 안 나오는 것은 당연했다.

그 당시 좌절감에 빠지고도 매출이 안 나오는 이유를 깊이 잘 몰랐던 것 같다.

큰 캐럿 사이즈의 루비 반지를 끼고 싶은 고객의 마음을 이해해 본 적도 없고, 살림하고 고생하며 손가락 마디마디가 굵어져서 가느다란 반지가 어울리지도 않는 엄마들의 마음도 이해할 수 없는 나이였다.

나이 들수록 뱃살도 나오고 목선도 굵어지는 주부들에게 커다란 루비 반지가 어떤 의미인지, 고민을 해 본 적도 없었다.

결혼할 때 프러포즈 반지는 엄두도 못 냈던 그 세대 주부들의 마음도 헤아리지 못했다.

20대 중반, 풋풋하고 철없는 쇼호스트로서는 알 수 없는 세상이지 않았을까?

나는 그 방송에서 매 순간 최선을 다했지만 결국은 Miss 캐스팅으로 성공을 거두지 못했다.

상품과 동떨어져 있는 느낌의 쇼호스트가 그 물건을 파는 것은 좋은 매출을 기대할 수가 없다.

무조건 열정과 패기로 상품을 팔 수 있는 건 아니다.

고객에게 공감을 불러일으키기 위해서는 그 상품과 가장 가깝고, 밀접한 거리에 있는 사람이 팔고 권유하는 게 바람직하다.

때로는 나와 어울리지 않는 상품의 섭외가 들어올 때 과감히, 정중하게 거절할 줄 아는 스킬도 있어야 한다.

평생 족발을 한 번도 먹어 보지 못한 쇼호스트가 열정만으로 그 방송에 임할 때 그 족발의 쫄깃한 식감과 맛 표현을 모두 거짓으로 지어 내 방송할 수 없는 것이다.

쫄깃하다고, 맛있다고 연기할 수 있지만 멘트와 깊이, 분위기까지 연기할 수는 없다.

폐경이 이미 지난 쇼호스트가 생리대 대박 구성이라며 방송을 하는 것도 매우 아이러니하다.

거기다 결혼을 안 한 미혼 쇼호스트에게 아기 유모차 방송이라니….

이런 경우들은 모두 쇼호스트의 노력만으로 해결되는 것이 아니다.

방송의 출발은 쇼호스트의 경험과 진실에서 출발한다고 생각해야 한다.

쇼호스트의 취향 및 공감, 현재의 나이, 결혼 유무 상태, 건강, 취미 등등 모든 것이 상품과 잘 어울릴 때 매출의 시너지가 나는 것이고, 그래야 방송 중 쇼호스트가 머리를 쓰지 않아도 자연스레 멘트가 술술 나오게 된다.

경험은 쇼호스트에게 가장 큰 재산이다.

고객들은 귀신처럼 쇼호스트와 상품의 찰떡궁합인 분위기를 파악한다.

'이 상품은 내가 누구보다 공부를 많이 했어….'보다는, '이 상품은 누구보다 내가 잘 알고 경험해 봤어….'라고 시작되어야 한다.

사람들은 객관적인 사실을 얘기할 때보다 쇼호스트의 주관적인 이야기에 더 귀를 기울이고 개인 경험이나 개인사에 더 관심이 많다.

이런 공감을 끄집어낼 때 고객들은 마음이 동요되고 설득이 될 때가 많다.

예를 들어 어린이날 특집 자전거 방송을 하게 되었는데 유치원생 아들을 둔 주부 쇼호스트가 방송을 하게 되었다고 하자.

당연히 자전거의 특·장점을 조리 있게 잘 설명을 할 것이다.

경험이 있는 쇼호스트는 '아들에게 안전 바가 금세 고장 난 자전거가 있는데 걸핏하면 넘어져서 속상하다', '비싸게 주고 샀는데 버리지도 못하고 고민이 많다'라고 하면서 '이번 기회에 가격 조건이 너무 좋아서 자전거를 바꿔 주고 싶다', '나도 주문을 하려고 한다'라고 할 것이다. 이런 이야기는 본인의 경험이기 때문에 다른 쇼호스트가 따라할 수 없는 멘트이다.

이래서 쇼호스트들이 방송할 때 내가 경험해 보지 못한 분야라면 엄마, 아빠, 시어머니, 조카, 결혼을 먼저 한 친구의 경험을 다 동원해서 설득을 하려고 하는 것이다.

상품과 전혀 연관이 없어 보이지 않도록 맡은 상품을 고민해야 하고, 나의 경험과 주변인들의 경험들로 상품을 포장해서 고객에게 어필을 하는 것이 중요하겠다.

2) 상품과 사랑에 빠지다

'난 너를 죽을 만큼 사랑해'라고 입술로 얘기하고 있지만, 우리는 알 수 있다. 그게 거짓인지 가식인지 느낌으로 알 수 있다.

진심을 담지 않는, 진심을 흉내 내는 말은 너무 가식적으로 느껴지기 마련이다.

상품을 좋아하지도 않으면서 '이 상품이 좋다, 좋다, 너무 좋다'라고 말하면 과연 그 진심이 전해질까?

우리는 상품과 진짜로, 진심으로 사랑에 빠져야 한다.

상품은 쇼호스트에게 자식과도 같은 존재이다.

세상에 내놓기 전까지 애지중지 아끼고 사용하고, 분석하고, 고민해야 한다.

방송에 들어가기 전까지는 상품에 대한 냉철한 시각으로 장단점을 파악해야 한다. 단점은 어떤 부분으로 커버가 되는지? 장점은 다른 상품에 비해서 어떤 점이 부각되는지? 경험을 하면서 파악되어야 한다.

방송에 임하는 쇼호스트는 방송할 상품을 길게는 수개월 전부터써 보거나 최소 1주일 전부터 몸소 체험을 해 보는 것을 원칙으로 삼는다.

식품은 직접 먹어 보고, 화장품은 오랫동안 직접 발라 보고, 패션·의류는 직접 착용하고 데이트도 나가 보고, 향수도 직접 뿌려 보고 상황들을 경험하는 것이 가장 좋은 공부이다.

상품과의 오랜 스킨십이 있지 않으면 방송을 할 때에 쇼호스트와 상품과의 거리가 멀게 느껴지기 마련이다.

더러는 상황이 여의치 않아서 그 상품을 당일 만져 보는 경우가 생기게 되더라도, 마치 사랑하는 사람과의 첫 상봉처럼, 그날은 더욱 신명나는 방송을 준비하게 되는 멘털도 가져야 한다.

상품을 가장 잘 알아야 멘트를 잘할 수 있고, 상품과 가장 친해야 핸들링도 능숙할 수 있다.

중매쟁이가 나에게 1등 신랑감이라고 자신 있게 소개해 주는데 그 사람에 대해서 잘 알고 있지도 못하는 게 말이 되는가? 도저히 신뢰가 갈 수가 없는 것이다.

쇼호스트는 업체와 고객을 상품으로 연결 짓는 연결고리이다.

고객에게는 업체는 보이지 않고, 오직 쇼호스트만을 믿고 그 상품을 선택하게 된다.

그 상품을 누구보다 진심으로 좋아하고 사랑하는 마음으로 고객을 설득하는 것은 고객에게 큰 신뢰가 된다.

여러분도 사랑의 묘약을 써 보자.

사랑의 콩깍지에는 이길 자가 없다.

상품 분석은 철저히 냉철하게! 그러나 방송에 들어가면 그 상품과는 사랑에 풍덩 빠져 보는 것이다.

모 화장품 방송을 매진으로 마무리하고 나오는데, 모두가 축하하는 분위기 속에 PD가 말을 건넨다.

"쇼호스트님, 이 상품 진짜 좋아하나 봐요! 방송에 이 상품에 대한 애정이 많이 묻어나더라고요."

"저, 6개월째 쓰고 있잖아요. 그새 두 번이나 샀어요."

"어쩐지…."

고객은 쇼호스트가 상품과 긴밀하고 친할 때 혹하게 된다는 사실을 잊어서는 안 된다.

Check point
* 상품에 애정을 가지자.
* 철저한 상품 분석을 하자.
* 고객에게 내가 이 상품을 얼마나 사랑하는지 보여 주자.

3) 고객 타깃층을 구체화하자

'누가 당신의 표적 고객입니까?'

이 질문에 대답이 명확하지 않는다면 지금 당장 토론을 시작해야
한다.

- 필립 코틀러

마케팅에 대해 공부하기 전에 마케팅의 전체를 좌우하는 가장 기본
적인 작업이 무엇일까?
　가장 기본적이고 중요한 기반이 되는 것은 바로 '고객 타깃의 설정'
이다.
　고객 타깃이 정해지면 우리는 선택과 집중을 해야 한다.

큐레이션과 같이 고객 가치의 특화를 위해서는 고객을 정확히 정
의하는 작업이 출발점이 된다. 이를 타깃팅이라고 한다. 그렇다면 마
켓컬리의 핵심 타깃은 누구일까? 그들이 집중한 고객은 '좋은 품질에
대한 선호도가 높은 사람들'이다. 가족의 건강한 식사를 위해 식재료
의 질을 중요시하는 주부, 믿을 수 있는 상품을 편안하게 받아 보기
위한 맞벌이 부부, 그리고 자신을 위한 소비에 가치를 두는 1-2인 가
구 등이다.

- 마켓컬리 인사이트 P.43

마켓컬리를 애용하는 1인이자 마켓컬리 기업과 전혀 무관한 본인이
지만 예를 들어 보았다.

마켓컬리의 고객층은 단순히 좋은 상품이 아니라 **품질이 좋은 상품
을 선호하는 사람,**

그냥 식재료가 필요한 주부가 아니라 **건강한 식사를 위한 식재료를 필요로 하는 주부**,

그냥 맞벌이 부부가 아니라 **상품을 편안하게 받아 보기 위한 맞벌이 부부**,

그냥 1-2인 가구가 아니라 **자신을 위한 소비에 가치를 두는 1-2인 가구**이다.

마켓컬리에게는 모두가 고객이 아니다.

이렇게 어느 것 하나 모호한 타깃이 없고 또렷하고 명확한 고객 타깃층이 있기 때문에 기업의 콘셉트가 명확해질 수 있다.

타깃팅을 할 때 '굳이 고객을 추려야 할까?', '더 많은 사람들에게 팔면 더 많은 매출이 나오지 않을까?' 이런 생각이 들 수 있다.

판매 방송을 할 때보다 넓은 층에게 폭넓게 어필하고 싶은 마음이 드는 것은 당연하다.

하지만, 판매 방송이 누구에게나 열려 있는 방송이더라도 누구에게나 말하는 것은 대상이 없는 것과 같다.

애매모호하게 모두를 만족시키려다가 판매할 대상이 확실하지 않게 되는 것은 상품에 대한 콘셉트도 모호해질 수 있다는 얘기이다.

상품에 대한 특성이 파악이 되면 그 상품에 맞는 고객 타깃층을 정해야 한다.

확실하고 구체적인 타깃을 설정해야 타깃 고객을 향해서 과녁을 향해 화살을 쏘듯이 방송이 흘러갈 수 있고, 오히려 메인 타깃에 들어가지 않는 고객층도 따라 들어올 수 있다.

내가 방송할 상품의 판매율이 40~50% 이상을 차지하는 메인 고객층을 고객 타깃으로 보면 좋겠다.

고객 타깃은 예를 들면 단순하게 성별로 나누어 본다. 그다음 연령층을 나누고, 직업군에 따라 나누고, 취미 취향에 따라, 삶의 방식, 소득 수준, 감성, 사회적 성향, 가치관 등 수없이 많은 소분류를 해 본다. 이렇게 세세하고 구체적으로 파고들어 좀 더 세밀한 타깃을 분류해 본다.

프리미엄 순면 100% 유기농 생리대를 방송한다고 생각해 보자.

일반 생리대보다 비싸기 때문에 가격 경쟁력은 떨어지나, 상품의 품질은 훨씬 뛰어난 상품이라고 가정하자.

이러한 고가의 상품이거나 가치 상품일수록 고객 타깃은 구체화되어야 한다.

그냥 30대 고객이 아니라 **품질이 좋은 상품만 고르고 싶어 하는 30대 초중반 고객,**

단순한 직장인이 아니라 **경제적인 여유가 비교적 안정적인 직장인, 건강한 삶을 만족하기 위해서 아낌없는 삶을 지향하는 여성.**

이렇게 구체화시키면서 타깃팅을 통한 방송의 콘셉트 도출까지 이어갈 수 있는 토대를 만들어 낸다.

그러면 자연스럽게 주 고객층을 공략하는 멘트의 방향성이 정해진다.

쇼호스트는 메인 고객층을 잘 파악하고 있어야 한다. 그들이 좋아하는 것, 싫어하는 것, 그리고 그들과의 공감대를 만들기 위해서 노력해야 한다.

고객 타깃층과 진행하는 쇼호스트의 연령이 비슷하다면 고객의 니즈

파익이 자연스럽게 될 것이고, 고객들도 쉽게 공감이 될 것이다.

그렇지 않다고 하더라도 쇼호스트는 간접 경험과 시장 조사를 통해서 방송할 상품의 메인 타깃층을 잘 알고 있어야 한다

그러나 같은 상품을 매일 방송한다고 하더라도 메인 타깃은 그때그때 변동될 수 있다.

그날의 방송 매체, 방송 시간대, 쇼호스트 출연진, 날씨, 방송 시간대, 사회적 이슈, 트렌드 등등에 따라서 고객 타깃을 변동시켜서 방송 콘셉트를 바꾸는 것도 쇼호스트의 능력이다.

예를 들어, 치즈 돈가스 방송이 하루에 두 번 있는데 오전 11시에 방영되는 돈가스 방송의 메인 고객 타깃은 **아이들 간식과 끼니를 걱정하는 전업 주부**로 잡고, **가성비, 가격 등 합리적인 가격을 중요시 여기는 살림 왕**으로 구체화시키는 반면에, 밤 10시에 방영되는 돈가스 방송의 메인 타깃은 **배달 야식에 질린 혼자 사는 직장인들**, 더 구체화하면 **맛집 투어를 좋아하지만 평일에 즐길 수 없는 30대 싱글 남녀 고객들**로, 이처럼 방송 시간대에 맞는 고객 타깃을 변동시킬 수 있다.

대상을 정하고, 말하고, 외치는 것은 마케팅의 기본, 판매 방송의 기본이라고 생각한다.

메인 타깃이 없으면 서브 타깃도 존재하지 않는다. 메인 타깃을 구체적으로 공략하고 콘셉트를 잡아 가는 것이 팬층을 만들고, 그 팬층을 만족시켜서 재구매가 이루어지는 것이 장기적으로는 훨씬 좋은 매출을 이룰 수 있다.

4) 셀링 포인트 찾아내기(Unique selling point)

앞서서 얘기한 고객 타깃의 니즈와 상품의 셀링 포인트는 깊은 연관성이 있다.

상품이 잘 팔리려면 고객의 필요와 셀링 포인트가 절묘하게 잘 만나야 한다.

전업 주부층이 메인 타깃인 방송 시간대인 오전 10시에 향수를 파는데, 그 향수의 셀링 포인트가 '소개팅에서 이성의 관심을 끄는 향기'라면? 이상하지 않을까?

고객 타깃과 셀링 포인트 매치가 잘 되지 않으면 절대 좋은 매출이 나올 수 없다.

쇼호스트는 상품의 정보를 주는 사람일까? 상품을 사고 싶게 만드는 사람일까? 당연히 후자이다. 넘치는 정보의 홍수 속에서 쇼호스트마저도 고객들에게 굳이 많은 정보를 주입하지 않아도 된다.

상품의 100가지 장점을 나열하는 사람보다 어필하고자 하는 몇 가지 정보만을 반복 또 반복하여 주입시켜서 물건을 사게 만드는 사람이 되어야 한다.

상품의 정보를 다양하게 준다면 고객은 정보만 얻어 가는 것이고, 상품의 매력을 강력하게 어필한다면 고객은 지갑을 열 것이다.

셀링 포인트는 고객의 구매 욕구를 일으키는 제품의 특징, 특성을 말한다.

여기서 중요한 포인트는 '구매 욕구를 일으키는', 바꿔 말하면 '고객을 혹하게 할' 특징을 찾아야 한다는 것이다.

판매할 상품에 대한 정보와 지식을 쭉 공부하고 나서 해야 할 일은,

이 상품의 차별화된 강점, 유니크한 셀링 포인트를 가려내는 것이다.

셀링 포인트가 많으면 내용이 분산되고 더 강조되지 않는다. 그러니 두세 가지의 포인트를 반복해서 강조하는 것이 좋다.

고객은 많은 것을 기억해 주지 않기 때문에 머릿속에 기억될 수 있는 강점만 키워드로 잡고 다양한 이야깃거리를 만들어 본다.

셀링 포인트를 각인시키는 방법은 멘트에서 강조하는 방법도 있고, 시연과 핸들링을 보여 주면서 강조하기도 한다.

고객의 입장에서 상상해 보자.

'이 상품은 안 사고는 못 버티는 필요충분조건이 된 것일까?'

미국 M모 사의 초콜릿 회사는 광고에서 손에 묻어나지 않는 초콜릿이라는 셀링 포인트를 내세웠다.

맛과 달콤함은 전혀 얘기하지 않는 이 광고는 큰 성공을 거두었다.

대부분의 경쟁사가 내세우는 초콜릿의 달콤함이 셀링 포인트가 되었다면 과연 성공할 수 있었을까?

동네 산책을 하다가 카페를 지나가는데 벽에 붙은 메뉴판이 눈에 띄었다.

투 샷 라떼 2,400원
투 샷 아메리카노 1,900원

이 집은 고객이 커피 맛을 보기도 전에 셀링 포인트를 분명히 했다. 투 샷 넣어 주는 커피집. 그런데 가격도 싸네?

고객을 혹하는 셀링 포인트를 잡는 것은 어렵지도 않고 복잡하게 생각할 필요도 없다.

심플하고 명확한 몇 가지만 있으면 한 시간 방송에 쓸 총알은 충분해진다.

5) 오늘만 파는 내일이 없는 세일즈

① 희소가치

오늘 내가 팔 상품은 항상 희소성에 가치를 두어야 한다.

고객에게 언제든 살 수 있고, 쉽게 손에 넣을 수 있는 것이라는 인상을 주어서는 안 된다.

사람들은 쉽게 갖기 못하는 것에 열광한다. 희귀하거나 개수가 한정된 것을 소유하고 싶은 욕구가 강하다.

스타벅스(Starbuck)는 기간 한정과 장소 한정 리미티드 마케팅을 한다. 4계절, 즉 봄, 벚꽃, 여름, 가을, 겨울, 크리스마스 등의 시즌마다 한정판 상품이 출시되고 있다.

또한 일부 국가나 특정 지역, 도시의 매장에서만 판매하는 장소 한정 상품을 출시해서 장소 한정 마케팅과 기간 한정 마케팅을 동시에 보여 주고 있다.

일본 교토에서만 출시되는 벚꽃 시리즈인 봄 한정판 텀블러, 시애틀에서만 출시되는 가을 한정판 머그컵…. 출장을 가거나 여행을 갔을 때 어떻게든 구해서 갖고 싶은 그 한정판들. 한번 판매한 상품은 재출시되지 않는다는 점에서 마니아들 사이에서는 가치와 희소성이 더욱더 높다. 한번 사면 끝이 아니라 매년 새롭게 출시되는 새로운 디자인을 계속 수집하게 되는 것이다.

나이키 운동화 한정판은 사전 신청을 받고 수량에 맞춰 추첨하기도 한다. 물론 당첨자만 신발을 소유할 수 있는 영광을 얻는다. 수량과 자격을 제한해서 고객의 마음을 안달 나게 하고, 그 운동화를 쟁취한 사람은 노력과 수고가 보태졌기 때문에 애착심이 높아지는 건 당연한 게 아닐까?

본질적으로 희소성의 마케팅은 그것을 가진 자는 우월감과 만족감을 얻게 되고, 가지지 못한 자는 열등감과 아쉬움을 남기게 되는 감정을 이용하는 것이다.

원하는 상품을 쉽게 살 수 없는 제한을 걸면 사람은 자연히 긴장감을 느끼고 남들보다 빨리 쟁취하려는 욕구를 느끼게 된다.

'늦었다고 못 사면 어쩌지?'
'지금 안 사면 못 살 텐데….'
'내일부터 가격 오르면 억울하겠지?'
'나만 못 사고 남에게 뺏기면 어떡해?'

'설득의 심리학' 저자인 로버트 치알디니 교수는 "욕구를 충족시키는 재화가 부족할 때 재화의 가치는 상승하는 법이다. 한정판 상품이 다양하게 기획돼 열풍이 부는 것도 이 같은 소비의 심리를 정조준 했기 때문이다"라고 이야기한다.

이렇게 소비의 기회를 제한해서 고객의 욕구를 굶주리게 하고 긴장시키는 것은 어느 판매 방송이나 중요하다.

반대로 얘기하자면 이 상품은 매일 살 수 있고, 모두에게 기회가 열려 있고, 생산 물량이 충분하다, 굳이 오늘 사지 않아도 다음 기회에 구입할 수 있다…. 이렇게 너그럽고 관대하게 기회를 주는 쇼호스트는 매력이 없다.

쉽게 얻을 수 있는 상품은 오늘 사도 되고 내일 사도 된다.

하지만 오늘 물건을 파는 쇼호스트의 목적은 오늘 매출이 가장 높아야 한다.

'오늘 사지 않으면 안 돼…! 왜냐하면…' 이렇게 말하는 이 흐름이 바로 상품에 희소성을 두는 것이다.

상품의 희소성은 곳곳에서 명확하게 반복적으로 드러나야 한다.

가격의 희소성, 물량의 희소성, 방송 시간의 희소성, 생산 또는 수입의 희소성, 그리고 상품 특·장점의 희소성 등등 다양한 방면에서 희소성을 찾아야 한다.

원하는 상품을 쉽게 살 수 없는 제한을 걸면 사람은 자연히 긴장감을 느끼고 남들보다 빨리 쟁취하려는 욕구를 느끼게 된다.

상품의 희소성은 곳곳에서 명확하게 반복적으로 드러나야 한다. '이번 기회가 아니면 더 이상 구입할 수 없다'라는 메시지를 끊임없이 던지면서 고객이 그 상품을 사기 위해 노력하게 만들어야 한다.

원하는 상품을 쉽게 살 수 없는 제한을 걸면 사람은 자연히 긴장감을 느끼고 남들보다 빨리 쟁취하려는 욕구를 느끼게 된다.

'곧 매진', '매진 임박', '방송 종료 5분 전', '한정 수량 거의 소진', '남은 수량 20세트', '영원히 마지막', '단 한 번의 기회', '지금부터 단 5분만 주문받을 수 있습니다'.

홈쇼핑에서 쇼호스트가 흔히들 말하는 멘트들 속에도 제한과 희소성

의미가 많다.

> 예시)
> "사상 초유의 무더위를 겪고 있는 여러분을 위해서 에어컨 20% 할인을 해 드립니다. 너무 죄송하지만 오늘 방송이 끝나는 시간인 자정까지입니다."(시간 제한)
> "더말로지카 클렌저는 드디어 우려하던 가격 인상이 결정되었습니다. 가격 인상이 되기 전에 미국 본사와 협의한 결과 딱 4,000세트만 인상 전 가격으로 드리게 되었습니다."(수량 제한)
> "현재 구찌 선글라스 브라운 컬러는 딱 9점밖에 남지가 않았습니다. 이태리 직수입이기 때문에 언제 또 수입이 될지 말씀드릴 수가 없어요."(수량 제한)
> "단 3일, 제가 방송하는 3일 동안만 아무 조건 없이 자동으로 할인 쿠폰을 드리고 있습니다. 아쉽게도 오늘이 그 마지막 날입니다."(기간 제한)
> "시간이 벌써 이렇게 됐나요? 이제 남은 시간은 단 4분, 특급 혜택이 4분 뒤면 사라집니다."(방송 시간 제한)

상품의 희소성은 곳곳에서 명확하게 반복적으로 드러나야 한다.
이렇게 희소성을 만들어 내면 고객은 미루지 않고 지금 구매한다.
내일은 나에게 기회가 없을 테니까.

② 하드세일에 진심을

하드세일의 영어 사전적 의미는 '강압 판매', '강제 판매'이다. 왠지 말의 어감으로는 무시무시하지만, 판매 방송에 반드시 있어야 하는 소금 같은 존재이다.

판매 방송에서 하드세일은 보다 적극적으로 판매를 하는 태도. 빠른 시간에 구매 결정을 할 수 있도록 끊임없이 어필하는 행위를 말한다.

우리는 고객이 구매하는 시간을 단축시켜야 한다. 빠르게 후회 없는 결정을 할 수 있게 확신을 주면서 적극적인 어필을 해야 한다.

하드세일을 잘하는 쇼호스트가 매출도 좋다. 그러나 과도하게 남발하는 경우는 오히려 신뢰성이 떨어지고 진정성이 없어 보이기도 한다.

'적당히'가 가장 어려운 말이라지만, 적당히 방송의 곳곳에 알맞게 사용하면 살까 말까 하는 고객에게 확고한 결정을 내리게 해 주고, 소극적인 고객에게는 적극적인 어필을 해서 구매를 할 수 있게 한다.

매 방송은 당장 지금 사야 하는 이유가 있어야 한다.

쇼호스트와 셀러는 오늘 꼭 사야 하는 명분을 만들어야 한다.

지금 사지 않으면 안 되는 이유가 홈쇼핑 방송에는 늘, 365일, 24시간, 모든 때에 프로모션이 녹아 있어야 한다.

'오직 방송 중에만 이 가격', '이 조건 마지막', '단 한 번 세일전'.

'오늘도 조건이 특별하고 내일도 특별한데 내일 사도 되지 않을까?' 그렇게 생각하는 고객은 거의 없다.

혜택이나 할인을 줄 때에도 그냥 주는 것 아니라, 늘 특별하고 늘 소중하다. 쇼호스트 스스로 그런 인식이 있지 않으면 고객에게 감정 전달이 되지 않는다.

같은 상품을 오늘 팔고 내일 팔아도 오늘 이 시간이 가장 소중한 시간임이 고객에게 인지되어야 한다.

반복해서 푸시 하는 말은 쇼호스트도 사람이기에 지겹고 식상할 수 있다. 하지만 오늘 찾아온 고객은 오늘 쇼호스트에게 처음 듣는 내용이 될 것이다.

늘 처음처럼! 처음 같은 마음으로 진심을 담아서 고객의 결정을 유도한다.

고객에게 '내가 중요한 사람이구나.' '내가 특별한 혜택을 받는 거구나.'라는 생각이 들게 하라.

이거 살까, 저거 살까? 또는 살까 말까? 하는 결정 장애 고객을 상상하고 멘트 하는 것이 좋다.

하드세일은 쇼호스트의 멘트가 보다 적극적이고 급박하게 돌아가는 콜 상황을 어필하고, 조급하고, 자신감이 있어야 한다. 그리고 진심이 묻어나야 한다.

"자, 여러분이 고민하시는 사이 벌써 3,000분이 넘게 주문을 하셨어요. 큰일 났네요. 오늘 방송 끝나기 전에 블랙 컬러는 매진되겠네요. 곧 매진입니다. 블랙 컬러 주문하시려면 서둘러 주세요."

"오늘 20% 할인은 너무도 특별합니다. 다음 방송부터는 할인을 절대 못 해 드려서 꼭 오늘 결정하시기 바랍니다."

여기서 더 실력 있는 쇼호스트는 이렇게 제한이 될 수밖에 없는 이유나 명분을 함께 알려 주면서 설득력을 높인다.

제한의 이유가 분명하지 않으면 제한의 멘트들이 그냥 습관적으로 말하는 공허함으로 들릴 수 있다.

명분 있는 하드세일, 진심을 담은 하드세일을 해 보자.

2. Step2) 내 인생을 파는 기술, 스토리텔링

1) 진심이 보배

이야기의 힘은 아주 강하다. 때로는 어떤 논리적인 내용보다 설득의 힘이 강력하다.

우리는 설명하는 사람보다 이야기해 주는 사람에게 귀를 기울이게 된다.

고객은 설명을 해 주는 내용은 머릿속에 다 기억하지 못한다. 하지만 이야기로 풀어 주는 내용은 정서적 몰입과 공감을 이끌어 내어서 듣는 이의 마음이 기억한다.

마음에 남는 내용은 고객이 오래오래 기억하게 된다는 점에서 어떤 주제를 전달할 때 쓸 수 있는 가장 효과적인 방법이다.

20년 넘게 방송을 하면서 느끼는 건 이야기보따리를 많이 가진 사람이 방송을 잘하는 쇼호스트라는 것이다.

다른 사람이 따라 할 수 없는 것은 오직 나의 이야기. 이는 쇼호스트에게 큰 재산이다.

고객은 설명을 하면 딴짓을 해도, 이야기를 하는 순간은 깊이 몰입을 한다.

상품의 특성을 설명할 때에도 말 잘하는 쇼호스트는 그 특성과 연관해서 이야기를 끄집어낸다.

상품에 담겨 있는 의미나 나의 개인적인 이야기를 제시하면서 몰입과 재미를 불러일으키는 감정적인 소통을 할 줄 알아야 한다.

이성보다는 감성으로, 머리보다는 가슴으로 소통하는 것. 이것이 스토리텔링의 본질이라고 생각한다.

고객에게 가장 강한 무기는 진정성이다. 진정성이야말로 스토리텔링의 핵심이다. 진정성은 고객의 감동을 폭발시키는 장치이다.

기미 제거 화장품을 방송할 때 20대 때부터 기미를 달고 살았던 나의 스토리, 외갓집 대대로 외할머니, 엄마, 이모가 하나같이 똑같은 부위에 갖고 있는 기미 이야기, 20대부터 기미를 없애기 위해서 끊임없이 찾아다녔던 피부과에 돈 썼던 이야기는 다른 사람이 아닌, 내가 가지고 있는 고유의 스토리이다.

나만의 스토리로 상품을 어떻게 돋보이게 할 것인가?

상품의 메시지를 전달할 때 나의 이야기가 없다면 아주 단편적인 내용 전달밖에 되지 않지만, 연륜이 생기고 경험이 많아지게 되면 그 상품의 장점을 설명하기 위해 나의 경험과 이야기를 동원한다. 자연스레 방송의 내용은 풍부해지게 되고 설득력도 강해지게 된다.

예시) 기미 제거 화장품 방송

나의 과거:
"지금 저의 깨끗한 피부를 봐서는 상상이 안 되시겠지만 어려서부터 기미가 있어서 콤플렉스가 있었어요. 그때는 화장을 연하게 하는 친구들이 너무 부러웠죠. 저는 기미 때문에 화장도 두꺼웠고, 화장이 두꺼우니 나이도 많아 보였던 것 같습니다."

나의 극복:
"그놈의 기미 좀 없애 보겠다고 월급의 절반을 피부과에 쏟으면서 진짜 노력했습니다, 저는 노력형 피부 미인이에요."

피부과 원장님에게 항상 들었던 얘기가 있는데, 기미 관리는 집에서의 사후 관리가 중요하다며 추천받았던 게 비타민 C 세럼이에요.
그때부터 죽어라 비타민 C 화장품을 발라 왔죠. 저는 좋은 비타민 C 세럼 화장품에는 돈을 아끼지 않는 편이에요. 기미와 관련된 화장품을 고르는 데에는 누구보다 까다롭고 꼼꼼하다고 자부합니다."

나의 변화:
"이 제품, 2주째 바르고 있는데 따끔거림도 없고, 정말 하루하루 환해지는 걸 많이 느껴요. 요즘 걷기 운동을 많이 해서 햇빛을 진짜 많이 봤는데도 이렇게 맑은 피부가 유지되고 있다니, 거울을 보면서 놀라고 있어요."

예시) 염색약

"저희 부모님이 70이 넘으셨는데 40년 가까이 염색을 해 오셨습니다.
그런데 어느 날 흰머리가 파뿌리처럼 올라오는데도 염색을 안 하시는 거예요. 염색을 할수록 자꾸 눈이 침침해지고, 역한 냄새도 싫으시다며 염색을 포기했다고 하셨습니다.
자식의 마음에도 부모님께 흰머리가 너무 많은 걸 보면서 마음이 좋지 않았습니다.
그러면서 결심을 하게 되었습니다. 내 부모님을 위해서 건강한 염색약, 해로운 성분이 들어가지 않은 염색약을 만들어 보자!
그래서 제가 만든 염색약을 효녀 염색약이라고 말하는 분도 계십니다.
정말 오직 부모님을 생각하면서 나쁜 성분 넣지 않고 99% 자연 성분으로만 만들어 보았습니다."

예시) 탈모 샴푸 방송

탈모 샴푸 방송에 탈모인의 공감을 끌어내기 위해 쇼호스트의 과거 머리숱이 없던 모습을 사진으로 보여 주면서 탈모에 고민이 많았던 때를 이야기한다.

예시) 다이어트 식품 방송

다이어트에 성공한 체중 감량 연예인을 섭외해서 살 빼기 전에 즐겨 입었던 큰 청바지를 가지고 나와서 보여 준다. 큰 청바지를 겨우 끌어올리며 단추를 잠갔던 뚱뚱했던 시절을 떠올리며 스토리텔링을 한다.
몰입과 공감을 이끌어 내기 위해서 내 이야기를 끄집어내기 바란다.
미래학자 롤프 옌센(rolf Jensen)은 "세상은 이미 물질적인 부가 아닌 문화와 가치, 생각이 중요해지는 꿈의 사회로 진입했으며, 이러한 사회에서는 브랜드보다 고유한 스토리를 팔아야 하며 이제 스토리텔링을 배우지 못 한다면 사람들을 얻지 못한다는 의미와도 같다"라고 말했다.
기업 마케팅에서도 소비자의 감성을 자극하는 스토리텔링을 적극 활용하기도 한다. 상품이나 브랜드에 스토리로 옷을 입혀 줌으로써 소비자들에게는 또 다른 가치를 제공하는 효과가 있다.

3. Step3) 독점 고객으로 만드는 소통 진행법

거대한 강줄기인 라이브 커머스 시대가 도래하면서 소비자의 패턴들도 다른 양상을 보이고 있다.

우리는 지인이나 친구의 SNS를 우연히 보다가 흘러 흘러 타고 들어가서 관심 가는 상품을 사 본 기억이 있을 것이다.

처음에는 구매할 의사도 없었는데 생각 없이 보다가 그 상품에 끌려서 구매를 하기도 하고, 왠지 저 인플루언서가 친근감이 가서 선뜻 사고 싶은 마음이 들 때도 있다.

목적 구매보다 상시 구매가 훨씬 많아지고 있는 패턴이다.

이젠 더 이상 특별한 날 쇼핑을 하는 세상이 아닌 것이다. 출근길에도 하고, 침대에 누워서 자기 전에도 하고, 커피숍에서 친구를 기다리다가도 하고, 휴대폰 보는 동안에도… 쇼핑의 문이 상시 열려 있는 시대이다.

다양한 콘텐츠에 상품이 녹아들어 있어 문득문득 쇼핑하고 싶은 욕구가 높아지곤 한다.

고객의 이런 상시 소비 패턴에 우리는 어떤 준비가 필요할까?

이런 소비 패턴을 주도하는 주 고객층을 흔히 MZ세대라고 한다.

> MZ세대는 1980년대~2000년대 초반 출생한 밀레니엄 세대와 1990년대 중반~2000년대 초반 출생한 Z 세대를 통칭하는 말이다.
> 이들은 모바일을 우선적으로 사용하고 최신 트렌드 및 남과 다른 이색적인 경험을 추구하는 특징을 보인다.
> 특히 MZ세대는 집단보다는 개인의 행복을, 소유보다는 공유를, 상품보다는 경험을 중시하는 소비 특징을 보이고, 단순히 물건을 구매하는 데에서 그치지 않고 사회적 가치나 특별한 메시지를 담은 물건을 구매함으로써 자신의 신념을 표출하기도 한다. 또한 이들 세대는 미래보다는 현재를, 가격보다는 취향을 중시하는 성향을 가진 이들이 많아서 '플렉스' 문화와 명품 소비가 어느 세대보다 익숙하다는 특징도 있다.

이들의 취향과, 소비 패턴, 필요 욕구, 생활 패턴, 가치관, 취미 등에 주목할 필요가 있다.

많은 팬을 확보하기 위해서는 대중의 취향에도 근접해야 하고, 나만의 색깔도 방출해야 매력을 느낄 수 있다.

나의 취향과 고객의 취향을 적절이 분배해서 접점을 찾아가야 오래도록 남을 셀러가 되는 길이다.

나만의 독점 고객을 만들 수 있는 방법들을 살펴보자.

1) 나는 친근한 셀러인가?

친근하다(사전적 의미)
1. 사귀어 지내는 사이가 아주 가깝다
2. 친하여 익숙하고 허물이 없다

우리는 고객들에게 멋있는 사람이 되기는 어려워도 항상 친근한 사람이 되기는 쉽다.

그들이 경험하지 못하는 상위 1%의 럭셔리한 삶을 보여 주고, 멋진 취미와 고가 쇼핑을 하는 것을 보여 주는 것은 어렵지만 매일매일 친숙하게, 친근하게 옆에 있어 주는 허물없는 사이가 되는 것은 어렵지 않을 것이다.

보통, 사람들이 유명 연예인이나 유명 인플루언서가 추천하는 상품을 많이 살 거라고 생각하지만 사실 그렇지는 않다.

나의 가족이나 친구 또는 지인이 추천하는 상품에 훨씬 신뢰를 가진다.

라이브 커머스 방송에서도 유명 연예인을 섭외해서 방송을 하는 것보다, SNS에서 낯익은 얼굴의 인플루언서, 유명 유튜버를 유입시킨 것을 더 선호하고 있는 추세이다.

유명인을 신뢰하기보다는 친근한 사람을 신뢰하고, 그렇기에 그 신뢰가 충성 고객으로 연결될 수 있다.

주변에 소수의 팔로워로 시작해서 빅 셀러가 된 사례들이 있고, 그들의 성공기를 책으로 출간하는 경우도 있다.

그저 평범한 주부가 직접 경험한 출산과 육아, 경력 단절을 이겨 내기 위한 분투, 남편과의 육아 전쟁, 아이를 키우면서 느끼는 소소한 행복을 여과 없이 보여 주면서 비슷한 상황에 놓인 육아맘들에게 많은 공감과 지지를 받는다.

여기에 자신과 아이를 위한 음식, 화장품, 의류 등등을 소개하면서 매출을 늘려 나간다.

그 삶을 공감하고 상황을 공감하는 소위 '찐' 팔로워들은 그녀를 지지하게 된다.

고객이 셀러에게 팬심을 가지게 되는 비즈니스는 아주 중요한 요소이다.

팬을 만들면 수입은 저절로 따라온다.

"1,000명의 진정한 팔로워만 있으면 사업이 된다."

팀 패리스(tim ferriss)가 쓴 '타이탄의 도구들'에서는 이렇게 이야기한다.

'성공한 사람이 되기 위해서는 100만이라는 숫자는 필요하지 않다. 당신에게 필요한 건 1,000명의 진정한 팬뿐이다'.

책에서는 진정한 팬들을 통해 생계유지를 할 수 있는 방법을 2가지로 말한다.

　매년 진정한 팬 한 명당 10만 원의 수익을 낼 수 있을 만큼 충분한 작품을 만들어야 한다.

　팬들과 직접적인 관계를 맺어야 한다. 다시 말해 그들이 당신에게 직접 돈을 지불해야 한다.

　1,000명의 팬들에게 연평균 10만 원씩 수익을 내면 1억 원을 번다. 놀랍지 않은가?

　하루에 한 명씩 나의 찐 팬이 늘어난다면 1,000명은 3~4년 안에 가능하다.

　'사람들이 당신을 발견할 수 있는 가장 좋은 방법이 무엇인지를 모색하라'고 조언한다.

　물론 누구에게 100% 성공의 확답을 줄 수는 없다.

　라이브 커머스는 코로나가 장기화된 사회 분위기 속에서 매장을 운영하시던 분들이 경력 대안으로도 준비하는 경우도 많다. 직장 은퇴를 꿈꾸며 제2의 인생의 꿈을 라이브 커머스에서 펼쳐 보려는 제자들도 있다.

　늘 성공의 확신을 주는 것이 조심스럽기도 하다.

　그러나 가 보지 않으면 성공도 실패도 아무것도 없는 법이다.

　완벽히 준비되어 있는 사람이 시작하는 것이 아니라 방송은 부딪혀 가면서 고객 니즈를 파악하고, 데이터가 모이고 발전하게 된다.

　고객과 허물없는 사이가 되기보다는 친한 언니나 동생이 되어 주는 것! 남들보다 나은 점보다 다른 점이 있는 개성 있는 사람이 되어 보도록 하자.

2) 지속성, 변함없는 친구

여러분은 내가 꿈꾸는 일을 위해서 얼마의 시간을 투자할 준비가 되어 있는가?

'1만 시간의 법칙'은 어떤 분야에서 전문가가 되려면 최소한 '1만 시간' 정도의 훈련이 필요하다는 법칙으로, 미국의 심리학자 앤더스 에릭슨이 발표한 논문에서 처음 등장한 개념이다.

1만 시간은 매일 3시간씩 훈련할 경우 약 10년이 걸리고, 10시간씩 투자할 경우 3년이 걸린다는 내용이다.

물론 타고난 재능이 투자 시간보다 더 중요하다고 주장하는 사람들도 있을 수 있다.

라이브 커머스의 시장은 1만 시간의 법칙을 많이 닮아 있다는 생각이 든다.

지속성과 꾸준함은 가장 중요한 덕목이다.

오늘 해가 지고 내일 해가 뜨면 다시 우뚝 일어서서 그 자리에 있어야 한다.

성공한 셀러들의 공통점은 매일매일 지속적인 방송 노출을 한다는 것이다.

비가 오나 눈이 오나 천재지변이 일어나도 셀러는 그 자리에 또 나타난다.

친해지려면 자주 보는 수밖에 없다.

하루에 한 개를 팔더라도 같은 시간에 5시간씩 방송을 하는 마음가짐이 되어 있어야 한다.

끈기가 이기는 장사라면 도전해 볼 만하지 않는가?

성공의 고지 앞에서 더 힘들고 외롭더라도 버티고 견딜 수 있는 사람이 승자가 될 것이다.

3) 대화의 핵심, 진정성

라이브 커머스의 가장 큰 특징은 바로 '소통'이다.

절대적인 일방적인 방송이 아니라 쌍방의 대화가 이루어지는 방식으로 방송의 패러다임이 바뀌었다.

대화하는 커머스라고 해도 과언이 아닐 만큼 고객의 이야기와 질문을 적절히 대응하면서 방송을 진행해 나가야 한다.

'소통'이 강력한 무기가 되어 버린 라이브 커머스 방송에서, 고객은 무한하게 참여하고 싶어 하고 자신의 말에 반응해 주길 바란다.

여기서 진행자는 진정성을 발휘해서 고객들과 소통하고 교감해야 한다.

대본 없이 흘러가는 방송에서 고객들과 소통을 하다 보면 진행자의 성향, 성격, 인격이 묻어 나오기도 한다.

'난 멋진 사람이니까 내 물건을 사 주길 바라'라는 식의 느낌이 나면 좋아할 고객은 없다.

소통은 정성과 진심이 더해져야 한다.

무조건 굽신거릴 필요는 없지만 고객과 친근하게 대화하고 질문에 친근하게 대답해 주는 것만으로도 신뢰를 쌓을 수 있다.

고객의 이름을 기억해 주고, 어제 했던 말을 기억해 주고, 고객의 말에 깊이 공감해 주는 방송은 인기를 얻을 것이다.

물건을 사면서 인정받길 바라고, 칭찬받길 바라는 마음은 모든 고객에게 적용된다.

1명의 고객에게 충실하게 집중해 보자.

한 사람 한 사람의 말에 귀 기울이는 진행자의 진정성 있는 태도로 특별한 팬을 만드는 셀러로 거듭날 수 있을 것이다.

PART 3

라이브 커머스 업체, 이렇게 준비하라!

플랫폼 별 입점하기
특징

　한국에서 라이브 커머스를 제대로 처음 시작한 곳은 네이버 출신 김한나 대표가 2018년 8월 세운 스타트업 '그립'이다. 라이브 커머스는 텔레비전 홈쇼핑처럼 실시간 동영상 스트리밍을 통해 상품을 소개하고 판매하는 방식으로, 2016년께 중국에서 먼저 유행했다. 국내에는 낯선 소비 방식으로 사업을 벌이게 된 배경에 대해, 김 대표는 "창업 전 네이버에서 근무하며 동영상 서비스 마케팅 업무를 오랫동안 맡았다. 이때 밀레니얼과 제트(Z) 세대에서는 영상 통화 및 라이브 영상과 관련한 소비의 성장 속도가 빠르다는 것을 느꼈다"라고 말했다. 2019년 2월 서비스를 시작한 그립은 입점 신청을 한 판매업체들이 일정한 심사를 통과하면 판매 금액의 10%를 수수료로 내고 라이브 방송을 할 수 있는 플랫폼이다. 출범 초기 입점 업체 50개를 모으는 데 6개월이 걸렸지만, 코로나 19를 거치며 입점 업체가 7,000개까지 늘었다. 시청자 수도 4.8배, 시청 횟수는 14.2배 증가했다.

　물론 그립 말고도 라이브 커머스를 시도한 기업들은 여럿 있다. 티몬은 그립보다 2년 빠른 2017년부터 라이브 방송 '티브이 온(TV ON)'을 운영했다. 지에스(GS)25, 현대아울렛, 에이케이(AK)플라자 등 브랜드는 그립과 협업을 하며 라이브 커머스에 뛰어들었고, 에스에스지(SSG)닷컴, 하림 등은 잼라이브(네이버)를 통해 상품을 판매했다. 인터파크는 올 초 '인터파크 티브이'를 시작했고, 롯데백화점은 2019년 12월 '백라이브(100LIVE)' 방송을 시작해 현재는 롯데온(ON)에서 이어 가고 있다.

업체 입장에서(요즘에는 업체가 크리에이터인 경우, 크리에이터가 상품 업체인 경우가 많기 때문에 업체 입장도 알아야 한다) 각 채널의 특징 및 내가 가진 상품이 어떤 채널에 맞는지 아는 것이 중요하다.

2022년 3월, 판매 시점에서 본다면 전 상품 네이버가 우월하고 그다음 식품이나 뷰티는 쿠팡을, 의류를 가지고 있다면 그립을 추천한다.

각 플랫폼마다 특성, 수수료 등은 차이가 있으므로 간단히 표로 정리하고 각 플랫폼이 제공하는 입점 방송 방식 역시 각 플랫폼에서 제공하는 있는 양식을 모아서 정리, 공유해 보았다.

방송을 하는 방식은 각 플랫폼을 콘택트하고 직접 **업체가 방송해야** 하는 형식일 경우에는 내가 방송을 하는 방법을 배워서 캐스팅부터 방송 세팅, 준비, 테스트 온 에어까지 해야 하는 경우가 있지만, 처음일 경우는 방송 대행을 통해서 안정적인 스트리밍을 통해 각 플랫폼사와 신뢰도 쌓고 상품 공급, C/S에만 집중하는 것을 추천한다. 일반 홈쇼핑, 일반 방송과도 다른 부분이 있기 때문에 방송 대행의 부분을 마케팅, 광고, 투자라고 생각한다면 절대 마이너스가 아니다. 무조건 플러스되는 일이다. 몇 번의 방송을 그릇되게 진행해서 업체의 이미지나 상품의 이미지가 나빠진다면 라이브 커머스에서 명예 회복은 **쉽지 않다**. 그 방식의 특성상 실시간 소통하고 방송하는 매우 바쁜 시스템을

100% 아마추어 분들이 수행하는 것을 추천하지 않는다.

약은 약사에게. 전문가들을 찾아가는 것을 추천한다.

각 플랫폼별 특성을 먼저 살펴보자.

1. 라이브 커머스 플랫폼별 강점

채널	네이버쇼핑 라이브	쿠팡	카카오 쇼핑 LIVE	Grip
강점	네이버쇼핑 라이브는 판매자로부터 방송 송출 수수료를 따로 받지 않고 국내 포털사이트 1위로 수입률이 좋음 ■ 기획라이브와 오픈라이브로 구분 ■ 스마트폰 세로 촬영을 기본 ■ 네이버페이로 결제 가능 구매전환에 효율적	비대면 쇼핑 시대의 최대 수혜지로 꼽히는 쿠팡은 지난 1월 중순 라이브커머스 진입 그립처럼 유명 셀러와 판매자로 나눠 입점이 가능 기존 셀러라면 누구든 기존 상품이나 신규 상품으로 쿠팡 라이브에 입점할 수 있다 이와 별도로 쿠팡에서 판매하는 제품으로 라이브를 진행해 줄 쇼호스트와 연계가 가능 ■ 라이브 전용 쿠폰과 무료 배송 연계가 특징 ■ 할인 쿠폰은 라이브 방송 중에만 다운로드 및 사용 가능	카카오톡 기반의 마케팅 툴이 강점 5,000만 명이 사용하는 카카오톡 라이브 방송시간을 예고해 유입률을 높이고 방송 도중 카카오톡 메시지로 구매자와 소통이 가능 ■ 카카오톡 채팅과 카카오페이 경제 익숙 ■ 가로 화면 구성으로 방송 ■ 카카오쇼핑과 사전협의를 통해 방송 예약	입점기준이 낮아서 누구나 쉽게 플랫폼을 이용할 수 있는 장점이 있음 하이라이트 형태로 방송 종료 후에도 영상을 홍보할 수 있게 도와주는 기능이 있음 큰 특징은 라이브커머스를 진행할 쇼호스트인 '그리퍼' 섭외 서비스를 제공한다는 장점이 있다 ■ 그립 앱 내 홈 화면의 '입점하기' 버튼을 통해 신청하면 주말 제외 최소 3일 내로 승인 ■ 스마트폰 세로 촬영을 기본으로 방송
채널	소스 라이브	VOGO 라이브	TVON 서비스	
강점	소스 라이브는 사업자등록증이 없는 개인도 판매가 가능하고, 앱에 접속하면 첫 화면 상단 메인 배너에 예정된 라이브커머스 일정과 제품이 노출되는 강점이 있다. 라이브커머스 마케팅 패키지 방송제작 지원 등 판매자 대신 라이브커머스 방송을 진행하고 추가적으로 콘텐츠 기획 제작 및 촬영을 도와주는 소스메이커 서비스도 제공 ■ 해외직구 상품에 특화된 라이브방송 ■ 구매자가 앱 회원으로 가입하지 않아도 방송시청이 가능하다. 구매는 회원만 가능	VOGO 라이브는 보고플레이의 라이브커머스 전용 플랫폼이다 '제대로 보고 제대로 산다'는 슬로건의 VOGO 라이브는 이름처럼 라이브커머스의 소통을 강조하는 플랫폼이다 말 그대로 보고, 듣고, 물어보며 판매자와의 실시간 소통을 중요시한다 간편구매, 퀴즈와 쿠폰 콘텐츠를 구성하여 진행 리뉴얼 후 누적거래액 30억 돌파 ■ 요일마다 ASMR, 식품 등 다양한 콘셉트의 방송을 제공 ■ 파격적인 가격 할인분 아니라 퀴즈를 통해 추가 혜택 제공	TVON 서비스는 TVON 라이브와 TVON 셀렉트로 나눌 수 있다. TVON 라이브는 라이브 쇼핑 전담 SRAFF들이 기획하고 채팅 및 이벤트에 대응해 주는 형식이다. TVON 셀렉트는 스마트폰만 있으면 가능하지만 진행, 채팅 및 이벤트 모두 판매자 혹은 판매자가 섭외한 인물 스스로 해야 한다. ■ TVON 라이브는 이메일을 통해 신청할 수 있고 TVON 셀렉트는 티몬 셀렉트 앱 설치 후, 담당 MD에게 방송 신청 ■ 스마트폰 세로 촬영을 기본으로 방송	

2. 라이브 커머스 플랫폼별 수수료

채널	네이버쇼핑 라이브	쿠팡 라이브 크리에이터	카카오쇼핑 라이브	그립 라이브커머스
수수료	수수료: 라이브 수수료 5% 네이버쇼핑 연동 2% 결제수단별 최대 3.85%	수수료: 라이브 수수료 5% 배송비 3.3% 상품 수수료 8.85% 판매자 서비스 이용료 (입점 방법에 첨부)	수수료: 상품 수수료 3.5%~ (톡딜일 경우 10%) 라이브 수수료 10%~20% (별도 수수료 제외) 노출 수수료 카카오쇼핑 2% 다음쇼핑하우 2% 카카오스타일 2%	수수료: 기본 판매 수수료 9% 방송 판매 수수료 12% (수수료 제외) 배송비 수수료 적용 불가
채널	잼 라이브 라이브커머스	VOGO 라이브	소스 라이브	티몬 라이브
수수료	수수료: 라이브 수수료 5% 쇼핑 연동 2% 결제수단별 최대 3.85%	수수료: 13%	수수료: 9~10%	수수료: ~1% (결제수수료 포함)

1) 네이버 쇼핑 라이브

스마트스토어 등급 '파워' 이상인 경우 방송 가능.

판매자 등급은 씨앗 → 새싹 → 파워 → 빅 파워 → 프리미엄 → 플래티넘의 총 6단계로 이루어짐.

파워 등급이 되기 위한 조건: 3개월 기준으로 판매 건수 300건, 판매 금액 800만 원, 이 두 가지 조건 만족 시 쇼핑 라이브 진행 가능.

예시)
10, 11, 12월 합산이 파워 등급 기준에 충족했다면 1월에 파워 등급으로 올라가고, 11, 12, 1월의 합산이 파워 등급 기준에 못 미치면 바로 새싹 등급으로 강등.

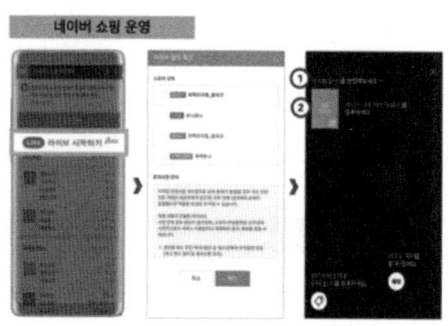

1. 스마트스토어 등급 '파워' 이상
2. 스마트스토어센터 앱
   (안드로이드 가능, 아이폰 준비 중)
3. 라이브 이미지/타이틀 설정
   이미지는 대기화면, 타이틀은
   검색 노출에 영향

2) 쿠팡 라이브 크리에이터

coupang live creator

1. 쿠팡 크리에이터 검색 후 크리에이터에 가입한 후,

2. 크리에이터 지원 페이지가 나오면 SNS 활동 채널 주소 3가지를 입력하고 간략한 자기소개 영상을 첨부해야 함

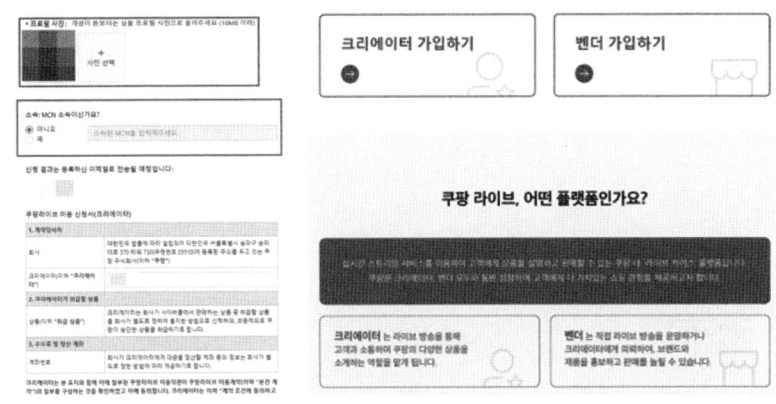

3) 카카오쇼핑 라이브

1. 'BIZ.KAKAO.COM'을 검색 후 카카오 계정으로 로그인한다.
2. 사업자 등록번호 입력 후 정보 입력하면 비즈 계정 등록 완료.
3. STORE-SELL.KAKAO.COM을 입력 후 판매자 가입.
4. 심사 후 3일 내에 심사 완료.

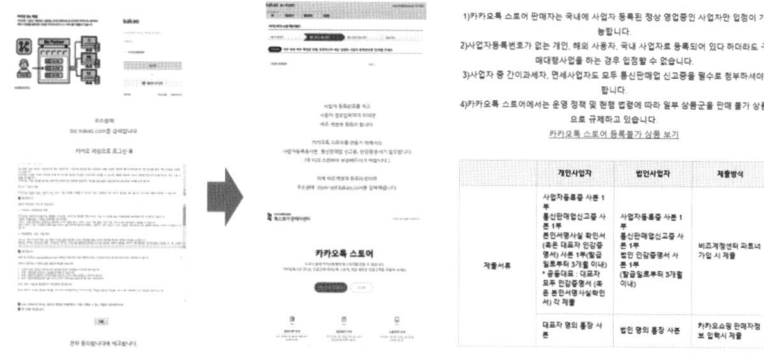

4) 그립 라이브 커머스

1. '그립' 어플 다운 후 그리퍼 지원 클릭.
2. 사업자 등록 후 입점 심사 버튼 클릭하면 입점 완료.

사업자 등록과
통신판매업 신고하기

크리에이터로 방송을 진행하기보다는 그립 같은 경우는 사업자로 방송을 하는 데 매우 쉬운 구조로 되어 있다. 그래서 요즘 일반 크리에이터들이 사업자 등록 및 통신판매업 신고하는 방법 역시 많이 궁금해하고 있다.

세무사님의 조력을 받아 다음과 같은 프로세스 팁을 정리해 보았다.

1. 사업자 등록

1) 사업자 등록

'사업자'란 사업 목적이 영리이든 비영리이든 관계없이 사업상 독립적으로 재화 또는 용역을 공급하는 자를 말하며, '사업자'는 부가가치세법에 따라 사업자 등록 및 부가가치세 신고/납부 의무가 있음.

2) 사업자 등록 방법

세무서에 직접 방문하여 서류 작성하여 신청,
혹은 인터넷 사이트 '홈 택스'에서 신청.

3) 사업자 등록 시 유의사항

사업자 종류를 먼저 선택해야 한다.
통상 소규모로 시작하는 통신판매사업자는 개인사업자를 선택한다.

① 개인사업자

과세사업자(일반과세자, 간이과세자)가 속한다.
부가가치세 과세 품목을 판매하는 경우 일반과세자 혹은 간이과세자로 등록하며, 부가가치세 신고/납부 의무가 있음.
간이과세자가 일반과세자보다 부가가치세 부담 측면에서 유리하나,
여러 사정에 의하여 간이과세자로 등록이 불가능할 수 있으니 사전에 준비하고 서류 작성.

② 면세사업자

부가가치세 면세 품목을 판매하는 경우 면세사업자로 등록하며, 면세사업자로 등록 시 부가가치세 신고/납부 의무가 없음.
만약 면세품목과 과세품목을 같이 판매할 경우 과세사업자로 등록(일반과세자, 간이과세자로 등록)한다.

③ 법인사업자

법인사업자는 별개의 인격체인 법인을 설립하여 사업하는 형태로 아

래와 같은 특징이 있지만, 관리/운영 측면에서 개인사업자보다 까다롭고 어려움.

　법인의 소득, 자산, 부채 등이 대표자 개인에게 귀속되는 것이 아닌 법인에 귀속되어, 법인 자산이나 부채 운용에 있어 제약이 있음.

　대표자가 법인으로부터 배당이나 급여를 받는 형태로 개인 생활 자금 충당 필요.

　개인의 종합소득세와 비교하여 소득이 일정 구간 이상일 경우 법인 세율이 낮음.

4) 필요 서류

① **신분증**
② **사업장 임대차 계약서**
③ **법인일 경우 법인 정관, 주주명부, 등기사항전부증명서 등**

2. 통신판매업 신고

세무서에서 사업자 등록 후 사업자 등록증 먼저 수취.

1) 구매안전서비스 이용 확인증 발급

사업자 등록번호로 개설한 계좌가 있을 경우 인터넷 사이트에서도 발급 가능한 은행이 있으며, 판매 플랫폼에서 발급 가능한 경우도 있음.

2) 관할 시/군·구청 방문 혹은 '정부24' 사이트에서 통신판매업 신고

3) 필요 서류

① 대표자 신분증
② 사업자 등록증(사업자 등록 증명)
③ 구매안전서비스 이용 확인증

4) 등록면허세 납부

정부24에서 신고 시 인터넷 사이트 '위택스'에서 납부 가능.
납부 세액은 지역에 따라 약 20,000~40,000원으로 차이가 있음.

자, 이제 준비가 되었으면 플랫폼별 방송 가이드도 한 번씩 둘러보는 것이 필요하다. 아는 만큼 보인다고 쭉 읽어 보면 어떠한 미팅을 하든 어느 정도 눈이 열릴 것이다.
 일단 라이브 커머스의 전반적인 매뉴얼을 참고해서 업체 입장에서 나열해 보자.
 현재 각 플랫폼의 형식은 매번 변경되고 있기 때문에 현시점에서의 방법을 공유하고 있다는 것을 미리 얘기하는 바이다. 기본적인 툴은 크게 바뀌지 않는다고 보지만 플랫폼 시장은 매일매일 변화하는 시장이므로 본인이 스타트 하는 날의 플랫폼 컨디션은 또 달라질 수 있다는 것은 감안해야 한다. 그게 또한 라이브 커머스 시장의 매력이기도 하다. 늘 변화하고 있다는 것, 늘 공부해야 한다는 것 말이다. 한번 발

을 들여놓아 보자. 조금씩 앞으로 함께 나아가면 할 수 있으며 나 역시 그 변화에 함께하고 있다는 묘한 쾌감이 있을 것이다.

네이버 방송 가이드

1. 라이브 시작 전 체크사항

1) 네이버 스토어팜 등급 기준

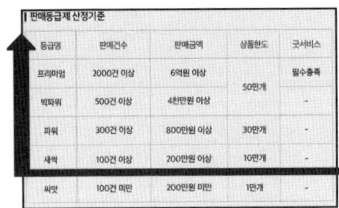

네이버 스마트스토어센터 > 판매자 정보 > 판매자 등급

2021년 6월 10일 이후부터 '파워' → '새싹' 등급 변경
진행가능 등급 조건 충족 시 라이브 진행 별도 신청 없이
자동으로 송출권한이 부여되어 라이브 진행이 가능

2) 라이브 진행 조건

라이브 진행 횟수에 대한 규정은 없다.

동일 상품 라이브 반복 진행 시 쇼핑 라이브에 노출 제한일 1회 진행을 권장

라이브 가능 시간: 최소(10분 이상 권장) / 최대(120분까지 진행 가능. 최소 시간 미달 시 라이브는 쇼핑 라이브 페이지에 다시 보기가 노출 X, 최대 시간 도달 시 라이브 자동 종료(종료 전 임박 사전 알림)

기존 내 스토어에 등록된 상품이 전 연령 구매 가능 상품이라면 라이브 연동해 판매 가능(판매 불가: 19세 이상 인증 필요 제품, 미성년자 구매 불가 물품)

그립 방송
가이드

1. GRIP 셀럽 사이트 들어가기

https://seller.grip.show/login/

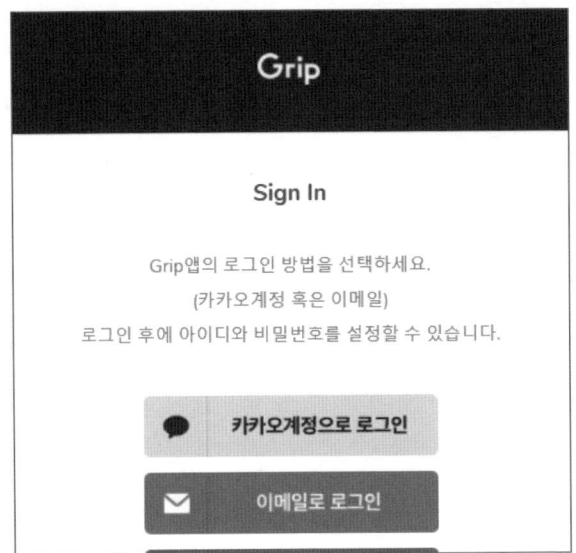

GRIP 아이디로 로그인 설정으로 맞추기

2. GRIP 상품 등록

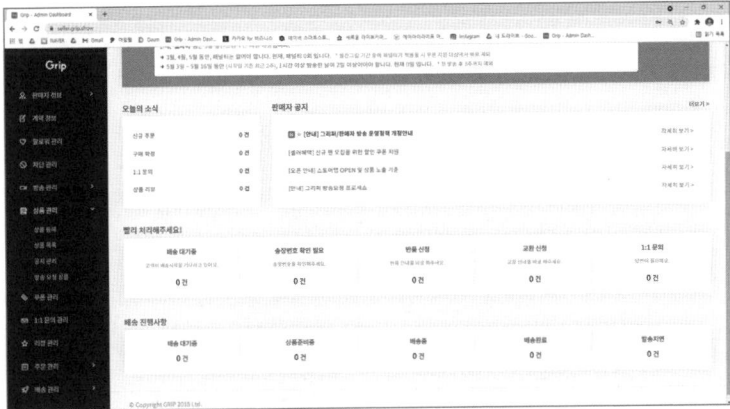

상품 관리 → 상품 등록

3. GRIP 상품 등록 - 기본 정보

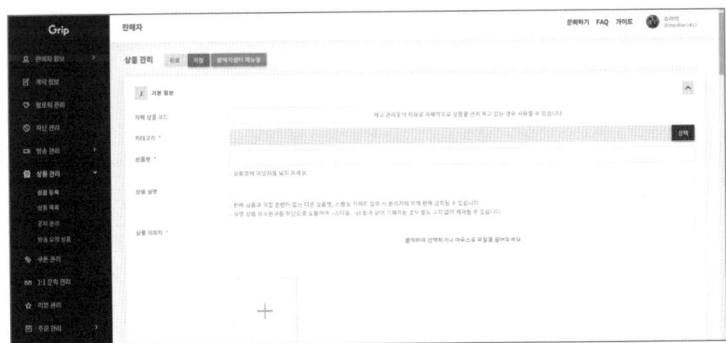

GRIP 상품 등록 - 기본 정보 등록

PART 3 라이브 커머스 업체, 이렇게 준비하라! 113

1. 카테고리(제품 카테고리 설정)
2. 상품명 설정(제품 이름, 용량)

GRIP 상품 등록 - 상품군

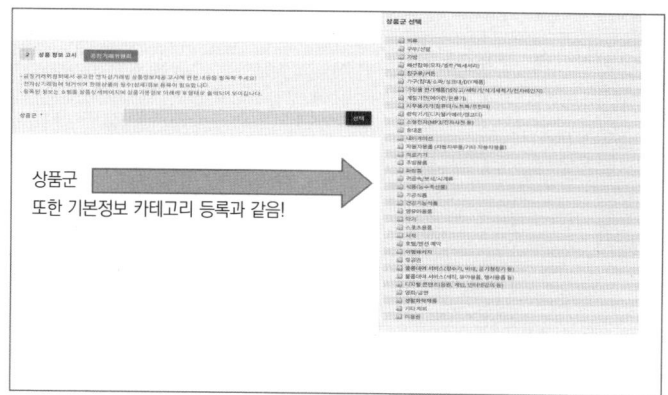

GRIP 상품 등록 - 세부 정보

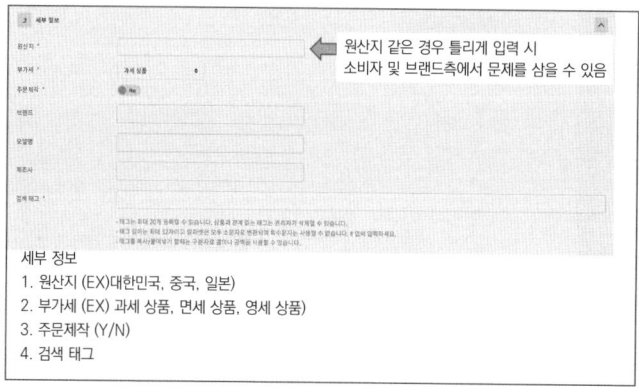

GRIP 상품 등록 - 판매 정보

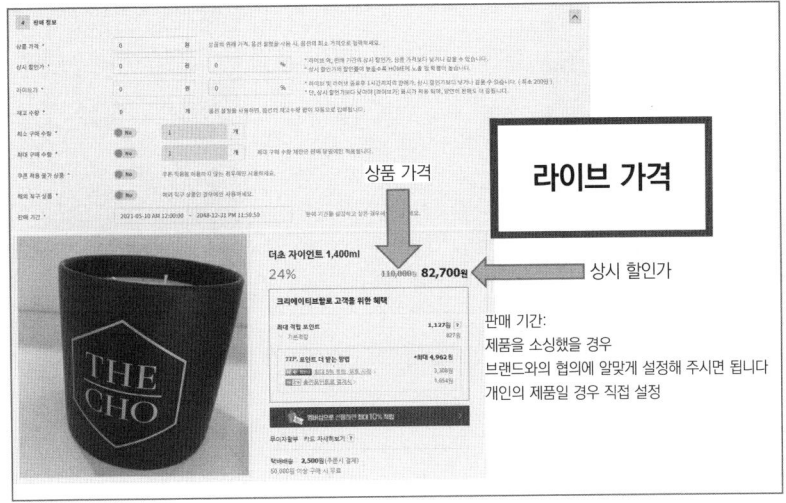

GRIP 상품 등록 - 옵션 설정

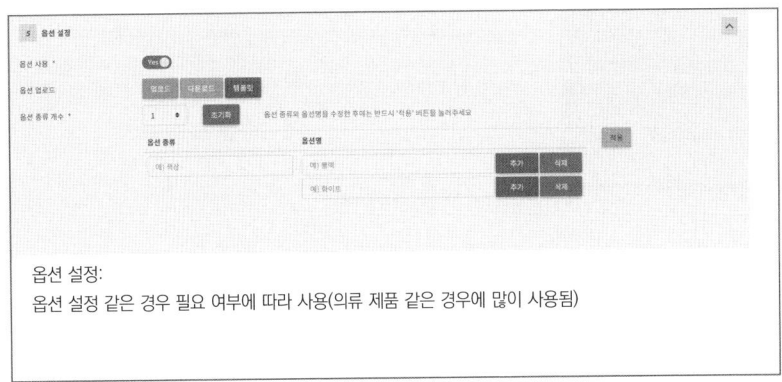

GRIP 방송 준비

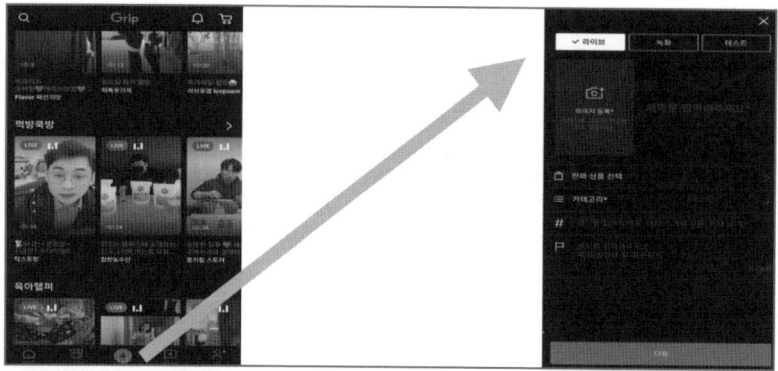

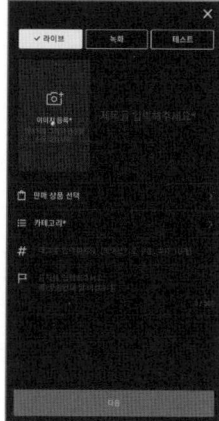

이미지 등록:
이미지 같은 경우는 자신과 제품이 같이 나온 사진
또는 제품이 이쁘게 디피되어 있는 사진을 올려 주시면 됩니다

제목 입력:
소비자의 이목을 끌 수 있는 제목을 입력해 주시면 됩니다

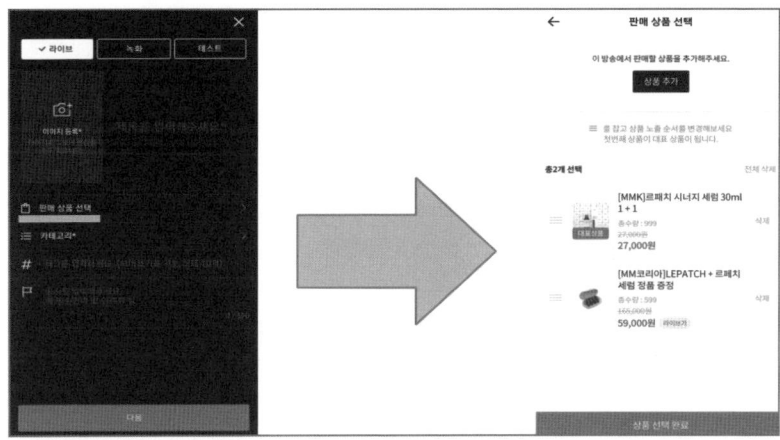

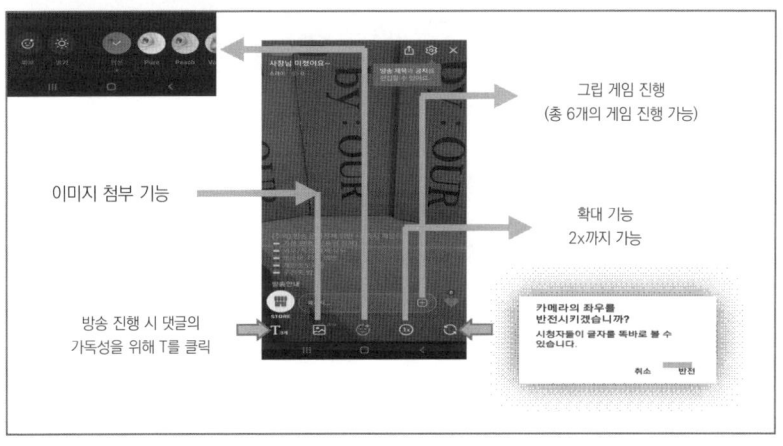

PART 3 라이브 커머스 업체, 이렇게 준비하라! 117

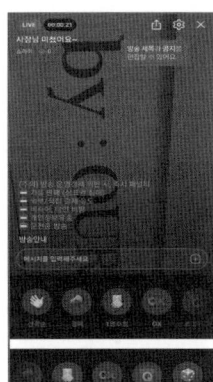

선착순 게임
→ 가장 먼저 손 드는 사람이 이기는 게임

경매 게임
→ 가장 높은 가격을 제시한 사람이 구매할 수 있는 기회

1명 추첨 게임
→ 참여한 사람 중에 추첨하여 1명을 뽑는 게임

OX 게임
→ 방송 진행자의 질문에 정답을 맞힌 그룹이 이기는 게임

초성퀴즈 게임
→ 제시한 초성의 정답을 가장 먼저 맞히는 게임

(참고자료 제공: 네이버, 그립)

방송 대행사와
협업

쿠팡 채널은 자체 크리에이터를 선정하고 그 크리에이터 위주로 방송이 많이 진행되기 때문에 쇼앤라이브 같은 대행사를 통해서 방송을 접근하거나 실제 쿠팡 상품 담당자와 미팅을 통하거나 혹은 쿠팡윙 어플 등 다양한 접근 방법이 있지만, 이것저것 고민하기 싫거나, 초심자 입장이거나 라이브 커머스를 알고 싶은 업체 관계자분들에게는 대행사를 소개해 드린다.

대행사를 선별할 때는 대행사를 하는 입장에서도, 지인들에게 무조건 방송을 바로 하고 있는 스튜디오를 가지고 있는 크리에이터라도 바로 섭외가 되는, 멀티 프로세스가 가능한 곳을 찾아가라고 얘기한다. 그래야만 최소한의 비용으로 가능하며 방송 외에 공동 구매, SNS 홍보 등 상품에 맞는 다양한 솔루션을 제공받을 수 있다.

대행사의 프로세스 및 업무 과정이 다음과 같으면 라이브 커머스 일체를 대행해 준다고 보면 된다. 혹은 상품만 가지고 찾아가도 된다. 추후에 본인이 혼자 방송을 원할 때를 위한 교육 프로그램도 가지고 있다(문의: 쇼앤라이브 아카데미, 전화 010-9365-2135, 대표 메일 creativehallo@daum.net).

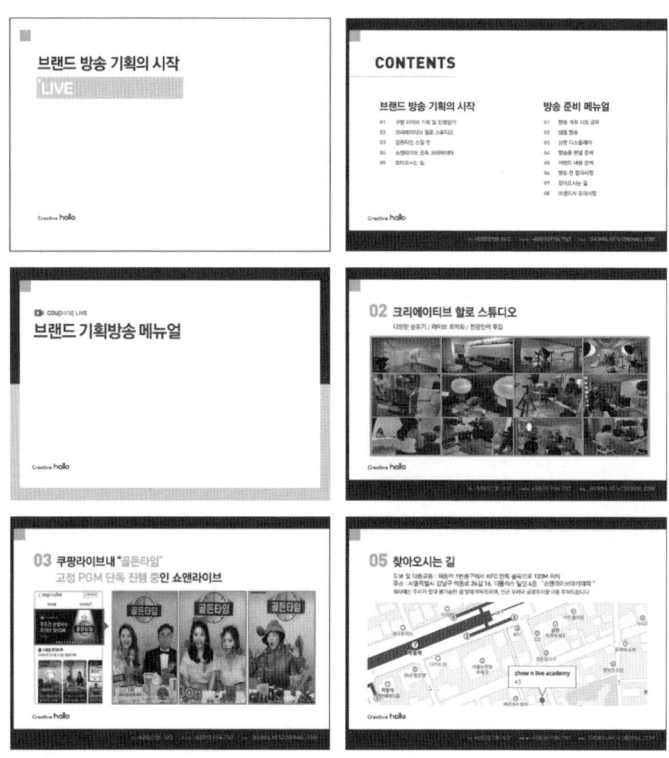

1. 라이브 커머스 시장에 있어 업체에 주는 코멘트

1) 조급해해서는 안 된다

 매출이 당장 나오지 않는다고 조급해하지 말라는 그 말이다. 홍보비라고 생각해도 200~500만 원에서 크게 1,000만 원 정도의 예산을 들이고, 방송을 진행하고, 크게 배우며 꾸준히 업체가 방송을 진행하면, 더욱이 상품이 우수하다면 매출이 안 나올 수 없다.
 채널을 만들고 **꾸준히 방송할 수 있는 방법을** 예산안에서 꼭 만들어 보시라는 얘기를 하고 싶다.

2) 본인이 방송에 대해 체험하고 상품에 대한 체험을 아끼지 마라

홈쇼핑 시장과 일반 커머스 시장의 큰 차이점이, 실제 판매자들이 상품에 대한 충분한 경험 없이 방송을 하고 그 상품에 대해 고객과 소통을 한다는 것이 너무 어리석다는 생각이 들었다는 점이다. 그야말로 고객과 가장 가깝게 소통하고 있는 시장인데 너무 상품에 대해서 낯가리는 상태에서 방송을 들어가는 것이다. 준비가 덜 되어 보이면 고객은 단번에 알아챈다. 고객은 이미 프로다. 그래서는 구매가 이루어지지 않는다. 상품에 대한 셀러의 카리스마는 0이 된다. 셀러가 상품을 씹어 먹을 정도로 잘 알아서 방송 때에 토해 내야 하는 것인데, 아직 라이브 커머스 시장에 대한 매출, 의심, 그저 호기심으로 들어온 업체 관계자분들은 샘플에 너무 박하시다 보니 셀러들이 충분히 경험하지 못하고 들어오는 경우도 있다고 본다. 물론 욕심 있는 셀러들은 실제 구매해서 체험하는 경우도 있지만 매우 소수이다. 셀러가 상품과 스킨십이 많아질수록 방송에 티가 난다. 100% 인정이다.

3) 적당히 적극적인 태도로 본인의 상품을 어필하라

셀러들, 인플루언서나 라이브 커머스 쇼호스트들은 나의 상품 말고도 다른 방송도 준비 중이며 성향이 자유로운 사람들이다. 많은 정도를 주려고 하지 말고 셀러의 성향을 파악해서 원하는 정보를 추가로 주되, 딱 한 장의 본인 상품 기술서를 제대로 만들어 보자. 이제 업체들도 이 정도의 본인 상품에 대한 정리는 필요하다. 소구 포인트(셀링 포인트) 1, 2, 3 정도로 정리하고 방송에서 가장 강조해 줬으면 하는 것들, 브랜드 소구점, 상품 소구점, 혜택 소구점을 정리해서 셀러나 방송 대행사에게 전달하면 판매 매출도 올리고 업체도 방송을 보았을 때 만족도가 올라갈 것이다. 설령 꼭 그렇지 않더라도 속이라도 시원하지 않겠는가?

4) 모르면 호구가 될 수 있다

위의 사항들을 적은 이유는 라이브 커머스에서 업체가 단순히 상품 프로바이더(공급자) 라이브 커머스 플랫폼 이용자로 돈을 소비하는 소비자가 돼서는 안 된다는 뜻이다. 굉장히 주체적이고 주요한 역할이다. 하지만 어찌 보면 현재 방송 시스템의 권력, 제한에 제일 힘들어하는 업체들에게는 기회가 될 수 있다. 마치 화폐 시장에 나타난 전자 화폐 코인 같은 존재일 수 있다. 일단은 공부하고, 투자하고, 무조건 함께해야 한다. 현재 홈쇼핑이나 다른 유통시장에서 돈을 벌고 있는 업체라면 더욱더 라이브 커머스 시장에 대해 학습하고, 시장을 넓혀 가려고 해야 하며 시장에 대한 의무감을 가져야 할 것이다. 그러면 라이브 커머스 시장은 풍족해지고 양적, 물적으로 빠르게 성장하여 꿀이 넘치고 재미있는 시장으로 빠르게 성장할 것이다.

5) K-뷰티, K-콘텐츠를 하고 계시다면 이제는 무조건

이제 K라는 단어는 곧 없어질 거라고 장담한다. 난 한국인이 아니라

지구인이라는 생각을 이번 팬데믹을 거치면서 더욱 확실히 하고 있고, 테슬라라는 CEO 덕에 현재 나의 사고방식은 지구인에서 우주인이라는 쪽으로 바뀌고 있다. 라이브 커머스 시장에서 중국은 확고하게 본인 시장 안에서 장벽을 치고 있지만, 베트남, 인도네시아, 인도, 미국 등 다양한 글로벌 시장은 가능한 이야기다. 사실 홈쇼핑의 성장이 일정 부분에서 정체된 것은 TV 시청률이 떨어진 것도 있지만, 인구의 한계성 때문이다. 라이브 커머스 시장에 진출해서 글로벌 플랫폼에 진출한다면 우리가 상상할 수 없는 매출 또한 가능하다. 한국은 좁다. 이제 그 좁은 시장에 답답함을 느낄 때이다. 우리가 가지고 있는 인적 인프라, 상품은 국내에만 있기에는 너무 투 머치 하다. 해외를 돌아다니다 보면 너무 훌륭해서 쇼핑하고 보면 이제 제법 'MADE IN KOREA'이다. 우리는 늘 불평하고 불행하다고 느끼면서 한국에 살고 있지만 해외에 나가 보면 우리는 꽤 괜찮은 나라에서 부자로 살고 있다는 것을 느낄 수 있다. 늘 느끼지만 명품 백, 명품 의류는 우리가 늘 전 세계 TOP 5 안에 든다. 벤츠의 바잉 파워도 국민의 수를 고려하면 이제 독일에서 볼 수 있을 만큼 많이 돌아다니고 있다. 소비만 하고 살 것인가? 우리는 끼도 있고 잘난 외모도 있고 잘난 두뇌도 있다. 국내에서 젊은 기업들에게 대행사에게 돈 좀 주는 걸 아끼지 말고, 해외로 진출하여 우리의 좋은 상품들을 서로서로 해외로 이끌어 줬으면 한다. 이러한 노하우들이 있다면 선배들이 이제 후배들을 이끌어 주면서 함께 했으면 한다.

업체 관계자분들, 큰 미래를 보시고 이제 함께하시죠.

PART 4

나는 PD다! ON AIR!
이제 시작이다

PD

 PD란? Producer의 약자이다. 내 직업이 PD라고 하면 '우와~' 하다가 1초도 안 돼서 '근데 뭐 하는 거예요?'라며 되묻는 등 정확하게 잘 모르는 분이 더 많다.
 카메라는 장비가 있고, 조명도, 오디오 감독님도, 작가도 다 알겠는데 PD는 뭐지?
 거기에 라이브 커머스의 PD란? 홈쇼핑에서 PD는 흔히 프로그램을 기획하고 전체적인 스텝들을 통솔하며 하나의 방송을 이끄는 선장으로 보면 된다.
 그래서 많이 듣는 질문은 '라이브 커머스에 PD가 있어야 해?', '작가가 있어야 해?'인데, '음… 그건 선택이야. 없을 때랑 있을 때랑 다르지… 아주 많이 달라… 그래, 이게 문제야. 뭔가 수치화된 게 없지만 PD의 존재에 따라 매출의 10~20% 정도 차이 날 거야' 이렇게 자신 있게 얘기할 수는 없을 테니까 말이다.
 20년 정도의 방송 경력을 보면 분명 차이는 나고 그래서 인기 PD, 인기 쇼호스트, 인기 출연자가 생기게 된다. 지금에서야 얘기지만 분명 차이가 난다. 5%씩은 차이가 난다. 베스트들이 모였을 때의 시너지를 생각하면 20% 차이는 된다고 인정한다. 아직도 홈쇼핑에서 캐스팅은 힘든 일이지만.

사실 부인할 수 없는 일이다.

라이브 커머스라는 불투명한 시장에 추가 연출비나 작가비를 들이는 게 부담스럽기는 하겠지만 사실 연출, 작가비는 반쯤은 방송의 단계가 아닌 상품 기획의 단계이다.

상품의 메리트가 방송에 더 뾰족하게 보일 수 있게끔 하도록 연출자가 상품 기획에 참여한다면 그 상품은 고객에게 제대로 호감을 줄 수 있고 결국 히트 상품이 될 수 있다.

그런 연출자를 찾지 못했다면, 혹은 그런 연출자를 위한 페이가 아깝다면, 일단 본인이 그 연출자의 업무 로드를 익히고 대행하면서 이해해야 한다.

홈쇼핑 PD의 기본적인 업무 프로세스는 요약하면 다음과 같다.

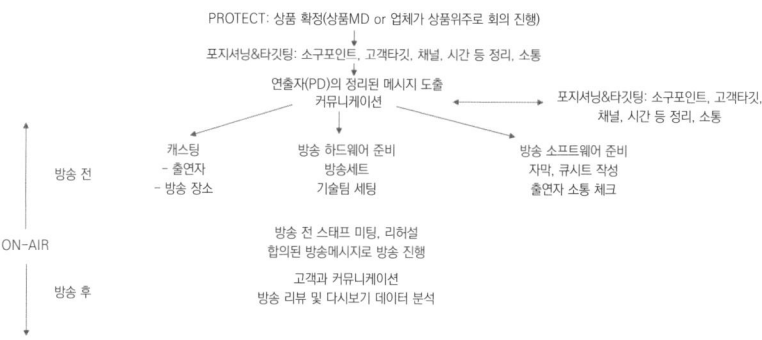

방송 대행사에 방송을 맡기든 내가 방송의 PD나 쇼호스트가 되어 진행하든, 위와 같은 프로세스를 이해하고 협업하는 것이 중요하다.

단계별 조금 더 자세한 이야기를 해 보자.

그 전에 내가 늘 강의, 교육, 세미나에서 기본적으로 이야기하는 라스웰의 S-M-C-R-E 커뮤니케이션 선형 이론을 이해할 필요가 있다.

우리가 어떠한 환경의 커뮤니케이션 전달자가 되더라도 사실 이 이론을 명심하면 길을 잃지 않고 정확한 메시지를 전달할 수 있다고 자부한다.

요즘 시대에는 너무 단순한 모델이라 지적도 받지만 복잡한 커뮤니케이션도 이 선형 모델이 원형 순환, 혹은 다수 교차할 뿐이다.

Check point

* 라스웰의 SMCRE 모델

해럴드 라스웰(Harold Lasswell, 1902~1978)의, 굉장히 올드한 구시대적 모델이라고 볼 수도 있지만 커뮤니케이션에서는 구구단 같은 가장 기본적이고 핵심적인 뼈대 이론이다.

간단히 정리하면 이 이론은 다음과 같다.

커뮤니케이션의 본질과 핵심적 요소(5W 법칙)

1. 누가(who)
2. 무엇을(says what)
3. 어떤 채널로(in which channel)
4. 누구에게(to whom)
5. 어떤 효과를 가지고(with what effect) 말하는가?

> **SMCRE 모델**
> S(Source/Sender) - M(Message)
> - C(Channel) - R(Receiver) - E(Effect)
>
> 그 외 요소
> ① 피드백(환류: feedback): 송·수신자가 서로에게 반응하는 것
> + 면 대 면 대화 상황에서의 반응, 언론사의 피드백, 시청자 피드백, 댓글 등
> + Positive feedback & Negative feedback

> ② 잡음(Noise): 메시지를 전달하는 데 방해가 되는 요소들
> ⅰ. 물리적: 지나가는 자동차의 시끄러운 소음
> ⅱ. 심리적: 전달자와 수신자의 편견과 닫힌 마음
> ⅲ. 의미적: 외국어나 어려운 용어의 사용

내가, 혹은 쇼호스트가 어떤 메시지를 어떠한 채널에 어떤 플랫폼에 어떤 고객을 겨냥하여 판매하고 홍보할 것인가. 이러한 이야기인데 판매 방송을 하다 보면 우리는 이 기본적인 것을 지키지 않고 헤맨다. 이 방향을 꽉 잡고 모든 스텝을 방송 준비부터 방송 끝까지 양치기 개처럼 양들을 몰아가야 한다. 그러면 최고의 효과가 나오고 그 커뮤니케이션의 과정이 바로 생방송이 진행되는 것이다.

방송하는 도중 고객과의 피드백에 민감하게 반응하고 노이즈(방송에 방해되는 요소)는 최대한 억제, 해결해 내는 것이 바로 PD(프로듀서)의 가장 핵심적인 일이다.

방송을 준비·진행한 다음, 방송 후에도 다양한 커뮤니케이션이 필요

하다.

정작 생방송 현장에서 고객과의 소통을 준비하지만 스태프들 간에 소통이 안 된 채 방송이 진행되는 경우가 꽤 많다. 여기에 매출까지 저조하면 서로 기분이 상하거나 잠들지 못하고 끙끙 앓게 된다. 방송 전 가장 중요한 것은 현장에서 커뮤니케이션이 완벽해야 한다는 것이다.

PD는 정제된 메시지를 스텝, 특히 출연자에게 확실히 인지시키고 그 메시지가 결국 시청자에게 전달되어 시청자가 소비자가 될 수 있도록 방송을 진행하는 것이다.

이처럼 PD의 역할은 방송이 자동차라면 윤활제의 역할을 하여 자동차가 원활하게 고장이 나지 않도록 운행하게 하는 역할을 하는 것이다. 아무리 좋은 자동차여도 장시간 지속하는 운행에는 버텨 내지 못할 것이기에, PD 역할은 적다고 보면 적다고 여길 수 있겠지만, 여타 다른 역할들과 같이 매우 중요한 직업이다.

우리는 어떠한 영화를 보거나 드라마를 볼 때 무엇을 보는가? 물론 등장하는 주연들이 제일 눈에 들어올 것이며, 메인 스토리 또한 비중 있게 볼 것이다. 그들은 그 작품을 대표하는 인물들이며 누구보다 어깨가 무거울 것임이 틀림없다.

하지만, 사람들에게 시각적으로 보일 한 장면을 만들어 내기 위한 일회성 조연, 스태프, PD 등 TV에서 **비중 있게** 다루어지지 않아 보이지 않는 사람들의 노력과 땀을 잊어선 안 된다.

우리가 살아가는 인생도 마찬가지다. 살아오는 생애 과정에서 **여러 사람의** 영향을 받으며 자신 스스로를 대표하는 사람이 되었다. 나라는 사람은 보이지 않는 사람이나 무언가의 시간과 노력 속에서 이루어져 있는 것이다.

때문에 어깨를 무겁게 그리고 책임감 있게 '나'라는 작품을 온전하게 마무리 짓는 것이, 관련된 고객들이 만족하는 아름다운 결말일 것이다.

라이브 커머스에서 PD가 되어서 방송하려면 일단 방송국을 전체 운영하는 오퍼레이터가 되는 것부터 알려 달라고 하는 분이 많다. 방송 대행을 맡게 되는 프로듀서도 있지만 여기서는 그것과는 구분되어 상품을 의뢰받아 크리에이터와 내가 방송하는 경우 혹은 PD가 크리에이터가 되어 혹은 크리에이터가 PD 역할까지 하게 되는 경우의 수를 염두에 두고 라이브 커머스 장비 이야기부터 하도록 하자. 정말 많이 듣는 질문이어서 나에게도 매뉴얼이 있을 정도니까 말이다.

1. 따라 하면 완성되는 1인 방송국:
카메라, 조명, 마이크 등 장비 구입부터 세팅까지

1) 기본 장비란?

방송을 담아내는 카메라, 조명, 마이크를 말한다.

일단 손쉽게 카메라는 핸드폰을 적극 추천한다.
현재 나와 있는 카메라들의 디스플레이, 화소 수, 저장 용량이면 얼마든지 라이브 커머스에 적합하다.

다른 장비들과의 호환성, 어플과의 호환성을 보았을 때 나는 삼성 갤

럭시를 선호하는 편이다. 또한 핸드폰을 **업그레이드할 경우** 공기계를 방송용으로 확보하는 것이 가장 좋은 방법이다. 방송을 할 때도 본인 핸드폰을 활용할 수 있도록 공기계를 사용하는 것을 200% 추천한다. 본인도 늘 방송할 때 이러한 방법을 활용하고 있다. 더 좋은 방송을 하고 싶어서 비싼 카메라를 구입해도 방송을 내보내는 데(송출) 문제가 생길 수도 있고, 가로 화면으로 설정된 기존 DSLR은 적합하지 못하다. 걱정, 고민은 필요 없다. 5년 안에 구매한 스마트폰이라면 OK~(그만 질문해 주세요)

일단 공기계가 있거나 핸드폰이 있다면 카메라 장비는 확보! 거기에 카메라 거치대까지 있으면 된다. 거치대는 적당한 가성비, 무게감, 핸들링이 쉬운 것을 구매하면 된다. 본인이 쓰고 있는 것을 추천하겠다.
#라이브 커머스 #핸드폰 거치대 #추천 #구매 후기

(사진 출처: 모두 쿠팡)

셀루미 핸드폰 거치대(#내돈내산, 홍보 아님)를 쓰는 이유는 무게감이 있고 다양한 기기 호환이 잘 되며 **가로세로 촬영이** 용이한 **마운트까지 장착되어** 별도 구매할 것이 없다는 점 때문이다. 또한 높이도 다양하게 조절이 되는 편이다. 많은 질문을 받다 보니 그냥 딱 '이거 사세요' 하는 편이 추천해 주는 사람도, 추천받는 사람도 낫겠다는 생각이다. 이제 카메라에 끼우는 멀티 허브만 남았다. 아이무버 6포트 USB C타입 멀티허브를 추천한다. 이 경우는 핸드폰에 끼워서 방송 중에 다양한 기기를 끼워서 사용하게 되므로 굉장히 중요한 역할을 하게 된다. 아이폰을 사용하는 경우는 아이폰에 맞는 상품을 사면 된다. 멀티 허브는 필수이다. 이렇게 해서 핸드폰을 세우면 방송까지 확장할 수 있는 준비는 이제 끝~

아이무버 6포트 USB C타입 멀티 허브

이제 조명, 마이크만 남았다. 아주 간단하죠?
다음 한 장으로 추천하고 구매는 끝! 설치하는 것만 보면 되겠다.

2) 기본 장비와 실제 라이브의 장비 예시

이 정도의 장비를 갖추면 기본적인 방송을 시작할 수 있다. 많은 장비를 사고 또 사고 좋을 것도 많이 써 봤지만, 현재 내가 쓰는 핸드폰에 맞는지, 방송 송출에 문제가 없는지 등 고려할 점이 **많아서** 초보자들은 '누군가가 와서 사무실이나 집에 세팅만 해 줬으면 좋겠다….' 하는 분들이 많다. 주저하지 말고 위의 상품들을 구매하고 집이나 사무실 등 원하는 곳 한 곳에 설치를 시작하면 된다. 그러면 원하는 곳에 나만의 방송국이 시작된다.

조명은 본인이 하는 상품 특성, 필요에 따라 추가 주문하면 된다. 기본적으로 카메라, 조명 설치부터 차근차근 알아보겠다.

일단 방송을 하는 공간은 벽면, 모퉁이도 상관없다. 그 앞으로 적당한 테이블을 놓을 **공간이 필요한데,** 가능하면 높낮이 조절이 가능한 테이블이면 더 좋을 것이다(상품의 높이에 따라 필요에 따라 조절 가능한 유동성 확보). 그 후의 순서는 간단히 정리하자면 다음과 같다.

1. 테이블 위치 세팅(출연자의 위치와 동일)
2. 카메라 위치 세팅(핸드폰 거치대로 조절)
3. 조명 세팅
    (기본 세팅 후 → 출연자가 앉아 있는 상태의 조절이 용이)
4. 테이블 위 마이크, 상품, 소품 등 다양한 상품 세팅

3) 기초적 조명의 세팅

카메라 위치 세팅까지 했다면 다음 단계인 조명 세팅은 일반인들이 하기에 어려울 수 있다.

조명은 크게 3단계로 나누어 보면 된다. 여기에 좀 욕심을 더하면 뒤쪽 백에 조명을 더해 입체감을 주는 4단계까지 나아갈 수 있다.

크리에이터들에게 조명은 그 어떠한 것보다 효과적이라고 할 수 있다. 조명은 '유쾌한 생각'에 들어가서 룩스패드 조명을 권장한다. 혼자 설치, 보관이 쉽고 피부 톤에 따라 조정이 쉬우며 여자 크리에이터를

더 예쁘게 나오게 하고 상품에 따라 색상 변화를 쉽게 해 준다.

여기에 테이블 위에 들 수 있거나 혹은 세울 수 있는 원형의 조명(링 라이트)이 있으면 매우 좋다.

> 1단계: 방등, 천장등
> 2단계: 벽에 비춰 반사된 직접조명
> 3단계: 2단계의 조명+얼굴에 비추는 탁상조명

4) 스튜디오 시뮬레이션

1. 키 라이트(메인 라이트, 주조명) ⇒ 밝기
2. 필 라이트(세컨 라이트, 보조조명) ⇒ 부드럽게, 자연스럽게
3. 백 그라운드 라이트 ⇒ 입체적으로 세련되게
4. 링 라이트 별도(데스크 조명)+반사판 ⇒ 내가 예쁘게

1번에 해당하는 키 라이트를 설치하고 2번 필 라이트 설치, 3번까지 설치 후 본인이 자리에 앉아 모니터를 보며 링 라이트 설치 후 최대한 이쁘게 나오는 조명의 위치를 잡는다. 얼굴형이나 상품 배치, 출연자의 인원수에 따라 조명은 매번 다를 수 있지만 혼자 계속 진행할 경우는 동일한 값을 설정하고 유지하는 것이 좋다.

여기서 중요한 것은 방송이 끝나고 반드시 본인 방송이 끝난 뒤 모니터를 해야 한다는 것이다. 내가 방송을 한 플랫폼의 다른 크리에이터 방송들과 비교해서 너무 어둡지 않은지(주 조명을 더 밝게 조정), 부자연스럽지 않은지(보조 조명을 리체크), 뒤쪽 백에 붙어서 입체감이 없는지(백그라운드 라이트 위치 조정), 내 얼굴이 부각이 안 되는지(링 라이트 각도, 높이 조정) 등등.

이런 식으로 방송을 하면서 조명 세팅도 조정을 해 나간다. 놀랍게도 방송 횟수가 늘어 갈수록 내 얼굴이 이뻐지고 방송 상태도 좋아진다. 우리는 이걸 흔히 카메라 마사지라고도 한다. 내가 스스로 내 얼굴 중에 이쁜 부분을 찾아가고 근육을 쓸 수 있게 되고 이쁜 얼굴 부분에 조명을 줄 수 있게 되고 카메라에 담을 수 있게 된다. 이는 스스로 하는 라이브 커머스의 아주 큰 장점이다. 그래서 함께 방송하는 크리에이터나 학생들에게 늘 얘기한다. 참 복 받은 직업이라고 생각한다. 평생 덜 늙고 본인을 예쁘고 가꿀 수 있는 직업이니까 말이다.

지금 책을 읽고 있는 여러분들도 할 수 있다. 아카데미에서 수많은 학생을 보고 홈쇼핑에서 수많은 신입 쇼호스트들을 봤지만 방송을 할수록 못나지는 사람은 한 명도 없었다.

어떻게든 성장한다. 자, 실제 연습을 해 보겠다. 본인이 스튜디오로 꾸미고 싶은 공간을 정하고 그곳에 카메라 조명의 위치를 잡아 보는 것이다.

실제로 해 보는 것과 눈으로만 보는 것은 하늘과 땅 차이다.

Check point

* 실전! #나의 방송국 완성해 보기
  방 안 창문의 위치, 테이블 위치, 카메라 위치, 조명의 위치를 설정해 보세요. 여러분의 첫 번째 스튜디오가 완성됩니다.
  실제로 쿠팡이나 네이버에 들어가서 위에 추천한 상품들도 담아 보세요. 바로 실천하기~

2. 상품군별 출연자 캐스팅

1) 나라는 상품 - 소통, 경험

누구를 캐스팅할 것인가? 방송에서 출연자는 2가지 측면에서 중요한 역할이다.

방송 진행과 상품의 정보 전달적인 부분인데, 라이브 커머스에서는 더더욱 방송 진행 부분에 있어서 '소통'이라는 부분이 크게 중요시된다. 내가 현장에서 느낀 점은 소통이라는 부분은 크게 2가지이다. 고객과의 소통과 현장 **스태프들과의** 소통이다.

소통의 부분은 실제 홈쇼핑에도 이루어지기는 하지만 라이브 커머스일 경우 보다 실시간으로, 빠르게 이루어지고 많은 비중을 차지하며 무엇보다 고객들이 많은 소통을 요구한다.

따라서 라이브 커머스 진행자로는 현장 진행에 능숙하고 순간적인 재치와 위기 대처 능력이 있는 출연자가 **사랑받을 수밖에 없다.**

라이브 커머스를 진행하다 보니 가장 아쉬운 것은 생방송 중 일어나는 많은 소통에 비해 방송 전, 방송 후 소통이 덜 이루어진다는 점이다. 이러한 점이 현재 라이브 커머스의 큰 한계점이다. 방송 전 업체(상품)에 대한 체험, 긴 시간의 공부 시간이 주어지기가 힘든 경우가 많기 때문에 한 가지 상품을 한 쇼호스트가 장시간 진행할 경우, 시간이 쌓여 가면서 스토리텔링이 되고 뒤로 갈수록 방송의 질도 향상되는 것을 볼 수가 있다.

실제 홈쇼핑의 경우 신상품은 2~3개월 전, 짧게는 1개월 전 사전 미팅을 하고 상품 미팅을 2, 3주 전, 짧게는 1주일 전에 2~3번 진행 뒤 상품을 충분히 체험한다. 상품 관계자인 해당 MD, PD, 많게는 작가까지 배정되고 비교할 수 있는 레퍼런스도 있어 준비 과정이 있지만 라이브 커머스는 현재 거의 출연자가 준비하는 형태이고 능동적으로 연출자(PD)가 있을 경우 방송 1시간 전 방송 큐시트를 통해 콘셉트가 전달되는 등 짧은 소통으로 방송을 찍어 내는 형태가 되어 가고 있다.

점점 방송의 매출 규모가 커지고 대형 업체들이 들어오면서 혹은 홈쇼핑에서 진행했던 업체들이나 콘텐츠 제작자들이 들어오면서 이러한 형태들은 계속 바뀔 것이다. 지금은 거의 1인 미디어 시대로 제각기 달려가고 있지만 사실 1인 미디어라 할지라도 방송 전, 방송 중, 방송 후에 할 일을 건너뛰어서는 안 된다. 오히려 촘촘하게 다 챙겨야만 1인 미디어가 **성공할 수 있다**. 1인 미디어의 주체가 업체일 경우에도 방송 진행이 서툴 경우 쇼호스트를 진행자로 캐스팅할 수도 있고 1인 미디어 주체가 쇼호스트일 경우(미디어 측) 업체 전문가를 초빙해 **상품에 관한 이야기를** 듣는 포맷을 만들어 낼 수 있다. 라이브 커머스의 생동감은 이러한 케미에서 잘 살아난다.

시청자의 입장에서 본다면 방송은 약간 서툴지라도 평상시 들을 수 없는 이야기, 볼 수 없는 사람들을 보다 가깝게 경험할 수 있으며 본인이 방송에 참여하고 방송에 반영되는 것을 보고 능동적인 주체가 되는 것에서 존재감을 느낄 수 있으며 엔드 베니핏으로 본인이 지금 사야 할 이유까지 알려 준다면 그 방송의 쇼호스트가 최고의 방송 진행자일 것이다. 업체 입장에서도 물론이고 말이다. 시청자들은 방송을 보면서 사고 싶은 버튼 포인트가 있고 그때 진행자가 내가 사야만 하는 정당성을 3개 정도 이야기해 주기를 기다리게 된다. 가장 큰 원 메시지와 작은 가지들의 스토리 메시지를 던져 주면서 내 맘속에 들어왔다 나갔다 하는 쇼호스트와의 밀당에서 시청자는 은근슬쩍 져 주면서 주머니를 연다.

자신의 소비를 정당화하기 위해서 말이다. '내가 사고 싶었던 거 아니야', '저 셀러가 말을 잘해', '오늘 혜택이 너무 좋았어', '오늘 안 사면 난 손해 보는 거야', '이거 안 사면 난 10년은 늙어 보일 수도 있지', '이럴 때 이걸 안 먹으면 난 병에 걸려 죽을 수도 있을 거야', '이럴 때 이걸 부모님께 선물하지 않는다면 난 불효자지' 등 이런 식의 소비 알고리즘이 발동한다. 그때 자신의 카드가 한없이 관대해지고 만약 자신의 카드 한도가 부족하다면 영혼을 끌어내서라도 카드 회사를 설득하여 한도를 늘리고 결제를 성공한다. 그것도 안 된다면 핸드폰 소액결제, 무통장 입금이라도 해서 득템 하고 만다.

세상을 다 가진 듯한 시청자가 소비자가 되어 준다. 그때 쇼호스트는 무한한 감사의 메시지를 던져 준다. '*** 님 감사합니다', '정말 정말 감사합니다'.

'그렇지, 저렇게 감사해하는데 난 정말 잘한 일이야.' 이렇게 생각하며 며칠 뒤 택배 도착. 고객은 이제 그것이 뭔지도 헷갈리지만 이러한 소비는 몇 번을 거듭하게 된다.

소비자는 상관없다. 어차피 그때 짜릿한 경험이었고 상품도 괜찮았으며 내가 참여한 방송이었으니 나를 알아주는 그 셀러의 방송 때문에 **반품 따위는** 안 한다. 정 맘에 안 들면 '선물이나 하지 뭐…' 한다. 이러한 메커니즘으로 사실 라이브 커머스의 반품률은 실제 e-커머스의 전환율과도 차이가 꽤 난다.

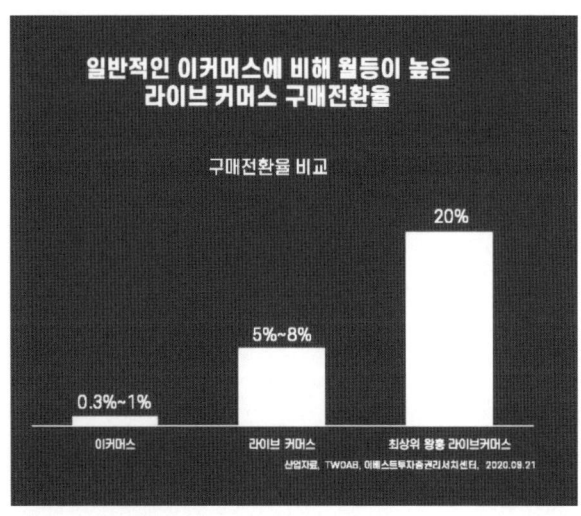

중국의 경우나 한국의 경우나 라이브 커머스 콘텐츠의 중요성 중에서도 셀러의 중요성은 높으며 이것은 홈쇼핑에서도 마찬가지이고 백화점에서도 마찬가지이다. 가장 고객 접점의 포인트이기 때문이다.

상품의 특성상, 현재 홈쇼핑 및 라이브 커머스 출연자를 예를 들어 어떠한 특징의 출연자가 맞을지 구분 지어 보겠다.

또한 본인이 출연자일 경우 최근 더 인기 있는 MBTI를 통해 참고할 수 있는 출연자 분석 및 추천 플랫폼을 알아보도록 하자.

이는 본인의 많은 방송의 경험 학원에서의 인플루언서 희망자, 인플루언서를 접하면서 실제 경험을 통한 경험, 연구를 통해 얻어진 개인적인 통계로 참고로 보면 좋겠다.

나는 15년 동안 1년에 평균 1,000억~1,100억 어치의 주문 금액을 하면서 연 평균 290여 개 생방송 진행을 하고 시간으로 따지면 4,300

시간, 라이브 방송 진행 아이템 개수로만 따지면 대략 1,360만 개 정도를 진행했다.

그렇지만 함께 방송한 쇼호스트는 20명 정도도 되지 않는다. 주로 인지도 높은 쇼호스트, 연예인들과 고정 PGM 위주로(주어진 시간대 프로그램 이름이 주어진) 진행을 했으면 나머지 방송들도 몇몇의 선배 쇼호스트들과 진행을 했다. 나중에 회사를 그만둘 때 보니 한 회사에 있으면서 같이 방송을 해 보지 못한 쇼호스트도 꽤 많이 있었다. 이게 나의 장점이자 단점이다. 굉장히 인지도 있는 사람들과 방송하는 김태호 프로듀서('무한도전'을 진행했던 선배님) 같은 사람으로 살았기 때문에 인재 개발을 하기보다는 스타급 출연진과 많은 일을 할 수 있는 기회가 제공되었다. 인정한다. 프로듀서는 조금 유명하지 않은 출연진과 일을 하면서 프로듀서로서 자존감을 더 얻고 함께 만들어 가는 과정에서 만족감을 얻는 사람들도 있다. 하지만 나는 크게 일을 벌이고 항상 1등을 하는, 항상 주목받는 프로그램에 만족감을 느끼는, 소위 스타 프로그램, 스타 PD에 만족감을 느끼면서 살아왔다. 그러기 위해서는 나에게 늘 스타가 필요했고 회사에서는 늘 나에게 스타를 붙여 줬다. 그러다 보니 내 옆에는 늘 소수 인원뿐이었다. 그래서 내 경험은 한정적이었고 최상의 것들이었다. 그래서 늘 큰 판을 볼 수 있었고 분석할 수 있었고 그게 나에게 주어진 일이었다.

지금부터 나는 적어도 나와 방송을 1번이라도 **한 적은 있거나 눈여겨**보고 있는 출연진을 5개 부분으로 나눌 것이다. 출연진은 본인이 아니라고 할지라도 20년차 홈쇼핑 베테랑 PD의 눈에는 그렇게 구분되니 **양해 바란다**. 그리고 이 분류는 좋고 나쁨이 아니라 장단점이 있다.

캐릭터	A. 아이돌형 호불호 강한 팬덤 형성	B. 카리스마 언니형 여고에서 인기 있는 유형	C. 단골집 숍 마스터	D. 친구/ 선배 캐릭터	E. 아나운서 캐릭터
해당 쇼호스트	정윤정, 이찬석, 문성식	이수정, 신진영	유난희, 이은영	김선희, 정승혜, 유아랑	김우리, 서경환
장점	SNS 활용 등 다양한 마케팅	중성적 이미지 팬덤까지 가능	전문적이면서 노력형	전 연령대, 전 상품 가능, 개인 공구 가능	현장 중계형 라이브 커머스적합
주의 사항	상품의 한계	홈쇼핑 키즈로 본인들의 한계			상품 전문가 출연자 매칭 필요
권장 상품군	뷰티, 트렌드상품	고가품, PB 브랜드	매우 다양, 수입 상품 등	매우 다양, 건강식품 매우 적합	매우 다양 (고가품, 전문적 지식 상품 전문가 필요)

2) 유형별 쇼호스트

라이브 커머스가 아닌 홈쇼핑까지 끌어들여서 출연자 캐릭터 분석을 하는 이유는 다음과 같다.

첫째, 판매 방송에서 출연자 섭외의 행동은 매우 중요하기 때문이다.

둘째, 출연자에게 캐릭터라는 것이 얼마나 중요한지에 대한 이야기 하고 싶다는 것이다. 어떠한 유형을 분석하는 것이지 누군가를 그대로 따라 할 수도 없다.

내가 출연자 지망생이거나 출연자라면 나는 어떤 유형으로 갈 것인지, 혹은 캐릭터가 중요한 부분이라는 사실을 알고 각 캐릭터들이 고객과 소통에 성공하는 이유를 분석하면 되는 것이고 상품을 가진 업체라면 그와 유사한 유형의 라이브 커머스 출연자를 직접 섭외하거나 방송 대행사에 이런 유형을 섭외해 달라고 요청하면 되는 것이다.

홈쇼핑에서 20년 정도의 노하우를 무시할 수 없다. 라이브 커머스도 똑같은 방송이고 온 에어가 들어갔을 때 방송의 진행은 사실 동일하다. **유형별로** 자세하게 방송 뒷이야기까지 나의 방송 기억을 끄집어내서 이야기해 보자.

① A. 아이돌형

홈쇼핑 초기와 지금은 너무나 닮아 있다. 매출이 저조했고 다양한 시행착오가 있었으며 수많은 사람들과 많은 자금, 시간이 투입되어 웰메이드된 거대한 시장이다. 전 세계에서 가장 우월한 마켓이다. 주어진 시장이 작아서 파이가 작은 것이 그 단점일 뿐 지나치게 완벽한 곳이 홈쇼핑이라고 본다. 시청자가 원하는 것은 쇼핑이지만 쇼핑 그 이상의 것을 할 수 있는 곳, 쇼핑 그 이상의 것을 준비하고 있는 곳이 홈쇼핑 내부의 인적 인프라이다. 특히 2010~2018년에 메이저 홈쇼핑, **소위**

말하는 5개 홈쇼핑에서 일하는 인프라들은 흔히 말하는 '꾼'이었다. 그때 라이브 경력이 있고 앞뒤로 해서 15년 정도 경력이 있다고 하면 소위 말해 홈쇼핑에서는 '신의 경지구나' 한다.

그 출연자들 중에서도 팬덤이 있는 아이돌 스타일의 출연자들이 있다. 홈쇼핑 계에서도 이러한 출연자들이 최초로 프리랜서를 선언하기도 했고, 한 방송사에서 계약이 끝나면 도미노식으로 출연자 이동이 일어나기도 하는 등 트리거가 되기도 한다.

정윤정 쇼호스트 같은 경우 GS 홈쇼핑의 전신인 LG 홈쇼핑일 때부터 쇼핑 호스트로 시작한 경우인데 그때는 시청자, 소비자로서 좋아했다. 속옷 방송, 화장품 방송을 보면서 눈을 크게 뜨는, 화면을 잡아먹을 듯한 그녀의 얼굴과 긴 손가락을 보면서 다른 쇼호스트가 팔 때보다 왠지 정윤정 쇼호스트가 팔 때 혜택이 좋을 것 같은 믿음이 강하게 느껴졌고, 그녀의 옷, 헤어스타일, 출장 영상 하나하나가 괜히 채널에 머물게 했다.

홈쇼핑이 매우 빠른 말투였다면 은근히 말과 말 사이에 끊어짐이 혹자에게는 방송 사고 같지만 뭔가 진심에서 영혼까지 끌어내서 전달하려는 그녀를 기다리게 되었다.

그리고 가끔 일어나는 그녀의 방송 속에 병맛 같은 NG 애드리브도 라이브 방송에서 중요한 볼만한 것이었다. 그때 당시 홈쇼핑에서 일하던 나조차도 내가 추구하던 방송이었으나 손발이 맞는 출연자가 있어야 했기에 부러웠던 방송이었다. 그러던 그녀가 나에게 출연자로 왔고 당시 CJ 홈쇼핑의 러브콜을 받고 있던 나는 롯데홈쇼핑에 머물게 되었다. 그 당시 롯데홈쇼핑 대표님은 '기센 둘 중 하나는 떨어져 나가겠지.' 했다 하셨는데 우리는 지금까지 매우 사이가 좋습니다 ^^ 당시에는 너무나 힘든 일이었다.

외부의 스타급 쇼호스트가 롯데홈쇼핑이라는 동네에 뚝 떨어졌으니 지금은 쇼호스트들이 프리를 선언하고 여기저기 다니기에 너무 자연스런 일인데 뭐든지 처음이 어렵다. 지나도 나니 참 이렇게 얘기할 수 있는 것 같다.

함께 방송하면서 늘 시청률 1등, 동시간대 매출 1등, 뷰티 매출 1등 다양한 훈장을 붙여 준 시간이 참 고마운 일이다. 늘 고객을 궁금하게 하고, 그래서 머물게 하고, 고객들이 따라 하고 싶게 하는, 워너비 같은 그녀에게 우리는 팬 미팅, 출장에서 찍은 브이로그 공개, 인스타그램 등 SNS 활용, 실시간 채팅 등 일반적인 쇼호스트와는 다른 형태의 시도들을 많이 했다.

우리는 TFT처럼 꾸려져서 지금의 라이브 커머스처럼 소통 방송도 해 보고 **출장 영상을** 인서트로 보여 줄 수 있는 넷플릭스 같은 형태의 OTT 방송도 해 봤다. 그래, 참 원 없이 해 봤다. 이런 경우는 스타급 출연자가 필요하다. 스타급 출연자가 있을 경우 소위 말해 제작비를 설득할 수 있고 매출도 어느 정도 담보받을 수 있다. 따라서 연출자는 내 출연자가 가장 부각될 수 있도록 가장 돋보일 수 있는 플랜을 짜면 된다. 상품과 잘 어울리도록, 시청자들에게는 자연스럽게 보이도록 우리의 상품들이 매우 자연스럽게 노출되면서 말이다. 그렇게 되면 우리가 팔려고 노력하지 않아도 시청자들이 사러 들어오게 된다.

이렇게 1~2달 프로그램 숙성기가 지나면 폭발기가 된다. 고객의 원하는 상품, 캐릭터, 프로그램 방향까지 생기고 정말 신이 나는 매출의 폭발기, 안정기가 오게 되는데, 그 전에 매출이 꺼지지 않고 상품, 프로그램 연구를 해야 한다.

라이브 커머스도 요즘 출연자들을 꾸려서 프로그램들을 만드는 경우가 있다. 네이버 같은 경우 잼형의 서경환과 마술사 최현우 님을 함께 매칭하여 프로그램을 만들어 진행한다. 이렇게 인지도 있는 분들과 프로그램을 한번 만들어 놓으면 1~2달은 힘들지만 정말 안정적인 매출, 안정적인 영업의 형태가 진행된다. 하지만 1회, 2회 방송에 무조건 스타들을 써 달라고 하는 것은 지나친 소비라는 생각이 든다. 고객들은 이제 굉장히 스마트하고 라이브 커머스는 홈쇼핑처럼 많은 분들에게 노출되지도 않는다.

따라서 5만 뷰 이상/1억 원 이상의 채널 라이브 커머스가 아니라면 무조건 아이돌급, 스타급의 출연자를 1회성으로 고집하는 것은 반대이다.

오히려 함께 상품을 기획하고 그 출연자의 SNS를 함께 활용하여(라이브 방송, 게시물, 릴스 노출 등) 장기간 홍보하고 라이브 커머스까지 출연하는, 함께하는 마케팅 방향의 방송일 경우를 추천한다.

내가 출연자일 경우에는 업체에게 이러한 방법을 함께 제시할 수 있을 것이다.

② B. 카리스마 언니형

'이수정 쇼호스트, 그녀는 뭐가 달라?' 회사에 있을 때 많이 들었던 질문이다.

나는 늘 말했다. '이수정을 대체할 사람이 없거든….' 그때 난 상대방을 쳐다봤다. 사실 큰 자신이 없는 대답이었다. 그런데 나이가 들수록 확신에 찼다. '대체 불가능한 이수정'. 그게 맞았다. 30대 초반부터 40대 옷을 입고 살고 20대부터 아줌마 옷이 잘 어울렸던 나랑 똑같이 늘 회사, 집, 청담동(시장 조사라 하며) 여기만 왔다 갔다 하는 불쌍한 스타일이니 고객에 대해, 홈쇼핑에 대해 정확하게 말을 못하지만 그냥 체화되어 있는 흔히 말하는 홈쇼핑 베이비다. 이상하다. 그녀랑 말하면 우리 엄마랑 말하는 것 같다. 묘하게 논리는 없는데 논리적이다.

내가 부조(PD가 방송할 때 있는 부조정실)에서 이수정 쇼 호스트랑 방송할 때면 남자 스태프들은 표정이 어둡고 나는 혼자 신났다. 그리고 이수정 쇼호스트 귀에 꽂고 있는 이어 피스에 나 혼자 대답도 하고 심지어 이수정 쇼호스트는 그러다가 나랑 얘기도 한다.

그녀가 말하는 걸 보면 대부분 주어가 없다. '이쁘다…' 고객은 TV를 듣다가(대부분 귀로 듣고 있다) TV를 눈으로 본다. 또 한 번 이수정 쇼호스트는 얘기한다. 더 뒤를 높이며 '이쁜데~! 아, 나 이거 살래~' 그제야 상품 설명을 쭉 한다. 어려운 말은 거의 없다. 알아듣기 쉬운 말들로, 그러다가 흥에 겨우면 춤도 추고, 콜 상황이 이렇다고 옷 갈아 입으러 간다며 현장 상황을 중계하듯이 집에 있는 고객을 흥분시킨다. 마치 연극배우처럼 중성적으로 생긴 그녀는 일반 고객이 봤을 때 여고에서 인기 많던 언니 같은 카리스마가 있다. 그 언니가 연극 중이다. '와~ 사야지~' 매진이다. '나도 사야지….', '언니의 크루가 돼야지….' 이렇게 하나의 상품 판매가 끝이 난다.

뭔가 이수정 쇼호스트와 내가 방송을 하고 나면 굿을 해 보지는 않았지만 한 판 하고 나온 느낌이랄까, 뭔가 시원한 느낌이 들었다. 단점은 그녀의 감정 기복이지만 그것이 평상시에는 장점으로 작용하기 때문에 난 그 단점을 사랑할 수 있었다. 그리고 난 방송하는 우리 같은 사람들이 감정 기복이 없다는 게 더 매력이 없다. 어떻게든 풀면서 살아야지.

지금은 롯데홈쇼핑의 메인 시간대를 이어 가면서 방송을 하는 그녀를 보면서 참 힘들 텐데 대단하다는 생각이 든다. 나도 18년 정도 라이브를 하고 퇴직한 뒤 3~4개월이 지난 뒤 돌아보면 어떻게 그 방송 시간을 채우고 밤낮이 바뀌고 살았는지, 그런 나를 칭찬했는데 말이다. 데이터 홈쇼핑 채널 SK, 신세계 등이 생기면서 많은 방송 엔지니어, PD, 쇼호스트들이 이동하는 것도 9시-6시 근무 시간, 주말 보장 등 안정적인 생활을 원하거나 본인의 개인 비즈니스를 추구하는 경우이지만 아직 메인 홈쇼핑에 있는 쇼호스트들을 보면 한편으로는 대단하다는 생각이 든다. 예전에 홈쇼핑이 핫할 때는 짜릿한 콜 맛을 느끼는 경우도 예전보다는 덜해졌는데 말이다. 이수정 쇼호스트는 사실 목소리가 특이해서 같이 다닐 경우 얼굴은 몰라도 목소리를 보고 알아보시는 분들도 꽤 있다. 판매 방송을 하는 사람에게 신뢰감 있는, 매력적인 보이스 컬러도 굉장히 중요하다. 또 높낮이가 있어야 하고 집중력을 높일 수 있어야 하며 절대 상대방을 졸리게 하면 안 된다. 나의 18년 방송 생활 중 딱 한 번 존 적이 있는데 그 쇼호스트의 목소리는 흡사 자장가도 같아서, 다시는 그분과는 방송하고 싶지 않았다.

이러한 카리스마형 쇼호스트는, 사실 인지도가 떨어지는 상품이지만 품질은 좋은 상품이나 그동안 그 쇼호스트가 좋아한다고 밝혀서 스토리텔링이 맞는 상품군이라면 매칭이 잘돼서 판매가 잘 이루어지는 경우가 있다. 하지만 단점은 적합도가 떨어지거나 본인이 맘에 들어 하지 않는 상품은 고객이 바로 눈치를 챈다. '우리 언니가 싫어하는구나.', '아… 사면 안 되겠다. 하면서 말이다.' 따라서 억지로 매출이 나오는 쇼호스트라고 상품을 붙여서 팔았다가는 낭패를 볼 수밖에 없으며 이런 쇼호스트에게는 상품을 체험해 볼 시간을 오래 주어야 한다.

그럼 뜻밖의 소구 포인트를 만들어 내고 그걸 방송에 잘 녹여 내는 장점이 있다. 이건 아이돌형 출연진도 마찬가지이다. 다만 차이점이 있다면 아이돌형 출연진은 좀 더 업체나 연출진이 챙겨야 한다. 하지만 카리스마형 언니들은 알아서 잘한다. 다만 신경 써 줄 것은 그녀들의 스케줄. 시간 관리만 챙기면 베스트 퍼포먼스를 낼 수 있다. 정말 좋을 것들을 가지고 있고 그럴 능력들이 되는 분들인데 우리는 늘 홈쇼핑에 있으면서 홈쇼핑 상품을 테스트하고(물론 홈쇼핑 아이템들이 너무 좋다. 예전에 팔았던 것은 솔직히 별로인 것도 있었다. 그런데 요즘은 전 다른 채널들보다 좋았다. 그리고 우리는 보는 눈이 거의 귀신이라…) 홈쇼핑 아이템들을 다 걸치고 다니는 걸 보면 서로 너무 신기했다. 사실 갈 데도 없었다. 방송 많이 할 때는 회사, 집, 회사에서 자고 방송, 또 방송… 정말 지금 라이브 하는 PD, 스태프, 쇼호스트님, 저 불러 주세요. 회사에 얘기해 드릴게요. 직원들에게 잘해 주시라고. 진짜 이건 탈인간의 경지라고… 점점 그럴 거 같다고. 그런데 더 웃긴 거요… 예전에는 더 그랬다고, 제 후배 중에 서은미 PD라고 있습니다. 본명 미안합니다. 그 친구는 정말 방송을 많이 했어요. 참 바보처럼 저랑 서은미 PD는 정말 바보처럼 방송을 많이 했어요. 지나고 보니 우리가 참 그랬었다.

그런데도 매출이 잘 나오든, 방송이 잘되었든 하면 또 기뻐서 보람되게 다음 방송을 준비한다. 그게 방송꾼, 흔히 말하는 방송국 놈들이었다. 우리 감독님들도 마찬가지였다. 최을생, 임춘성, 이정미, 이정석, 이서희, 김구선, 김주성, 김준호, 김진석(아직도 투덜거리나. 정은 있어), 김진홍, 김현수, 노충환, 문광영, 박남규, 박성혁, 박진양(나이가 많은 어르신. 누가 놀아 주고 있나?), 백창윤, 백석윤, 임기수 감독님

등등. 지나고 나니 감독님들 한 분 한 분이 얼마나 많은 역할을 해 주셨는지 알겠다. 1인 라이브 커머스라고 해서 혼자 모든 것을 설치하고 진행하다 보면 여러분도 알게 될 것이다.

특히 방송국 안에 계셨던 분이라면 그분들과의 관계도 잘 쌓아야 할 뿐 아니라 한 분 한 분의 소중함을 느끼면서 일하시라는 말씀을 드리고 싶다. 저 위에 언급하지 않은 수많은 분들과 하루하루 일해 주시는 미술팀, AD분들, 콜센터분들, 보안팀분들까지 정말 많은 인력이 필요한 홈쇼핑을 1인 방송으로 하고 있으니 대단한 세상이다.

신진영 쇼호스트 역시 비주얼은 여성스럽지만 성격이나 스타일은 중성적이어서 카리스마를 느낄 수 있다. 고객들은 시원스런 보이스나 시원하게 리드하는 방송 스타일을 보면서 잘 따라 들어온다. 그래서 신진영 쇼호스트도 카리스마 유형으로 분리할 수 있겠다. 개인적으로도 좋아하는 쇼호스트이기도 한다. 같은 카리스마 유형이기는 하지만 좀 더 섬세한 감성을 가지고 있어서 아주 타이트한 1 SHOT을 줬을 때 눈을 똑바로 보면서 고객과 소통하는 부분이 아주 매끄러운 부분이고 이런 진실된 부분이 실제 주문으로도 많이 이어진다. 실제 상품 시연(견미리 팩트 상품이나 조성아 팩트 등)을 함께 방송하면서 그녀의 저력을 많이 느꼈다. 나는 그녀의 타이트한 원샷을 많이 좋아했다. 그녀의 진실된 눈빛과 실룩거리는 광대뼈가 너무 사랑스러웠다.

③ C. 단골집 숍 마스터 형

잘 차려진 숍의 숍 마스터, 전문적이면서 노련한 쇼호스트들로 분류한 유난희 님은 필자와는 인연이 가장 적다. 딱 한 번 방송을 같이 해 봤는데, 너무 겸손하시고 친절하게 방송에 임하시는 애티튜드에 나도 모르게 좋은 인상이 남았다. 롯데홈쇼핑 이은영 쇼호스트와도 비슷한 부분이 있다. 언뜻 고객과 굉장히 가까워 보이지만 약간의 거리감이 있다. 고객과 마주 보고 있는 느낌이며 고객에게 물건을 골라 주고 권해 주는 느낌이고 테크닉적이다.

방송 전체적인 흐름도 메커니즘이 있고 본인이 완벽주의적인 성향이 있어 보이는 출연자들이다. 다른 스타성이 있는 출연자보다는 상품 전문가 같은 느낌이 강한 출연자들이어서 상품에 대한 정보는 가장 많이 전달하는 캐릭터이다. 업체 입장에서 정확한 상품 전달, 상품에 대한 자신감이 있을 경우에는 이러한 캐릭터를 캐스팅하면 될 것이다. 두 분 같은 경우는 인지도도 있는 경우라 더하지만, 라이브 커머스일 경우에는 비슷한 유형의 쇼호스트를 찾거나 의뢰하면 된다. 유난희 쇼호스트, 이은영 쇼호스트의 발성이나 목소리 톤은 상당히 달라 보일 수도 있지만 쓰는 단어, PT의 흐름을 보면 많은 유사점을 찾아 볼 수 있다. '고객님'이라는 단어를 자주 쓰고, 방송 자체가 안정적이면서 방송의 혜택이나 심의 등도 잘 준수하는 방송을 한다. 이 경우에는 사실 함께 방송하는 프로듀서의 연차가 그리 높지 않아도 함께 웰메이드 방송을 꾸려 갈 수 있다. 숍 마스터가 워낙 방송, 상품 전반적인 흐름에 대해 이끌어 가기 때문이다. 굳이 단점을 찾자면 정말 날것의 방송, 날것의 채널이라는 야생에 던져졌을 때 이들이 적응할 수 있을지는 의문이다.

④ D. 친구/선배 캐릭터 형

2009년도에 또 나는 타사로 이직할 기회가 있었다. 우리 팀장님(그 당시 정윤상 팀장님)께 비밀스럽게 여기저기를 끌려다니며 만날 사람이 있다며 김선희 쇼호스트를 처음 만났다. 나에게는 그 당시 유난희, 김선희가 명품의 탑이었고 그녀를 만나기 전에 왠지 있어 보이고 싶어서 옷도 잘 입고, 잘 쓰지도 않는 메모장을 들고 목동에 있는 루프탑 라운지로 갔다. 극비리에 있는 일이라면서 그곳에서 만났는데, 그분의 너무 소탈하고 겸손한 모습에 사실 부끄러울 정도였다. 그렇게 우리는 만나서 2009년 4월 1일 만우절부터 방송을 시작했다. 롯데홈쇼핑에서 바뀌어 롯데명품관이라는 이름을 걸고 명품 방송을 진행했고 덕분에 많은 출장을 다니게 되었다.

그때 또 많은 질문을 받았다. '그녀는 뭐가 달라?' 이에 난 말했다. '김선희 쇼호스트는 친구 같아.' 다른 쇼호스트는 마주보고 쇼핑을 한다면 김선희 쇼호스트는 내 옆에서 손잡고 물건을 고르러 다니는 느낌이랄까? 고객들도 그렇게 느끼는 느낌을 최대한 **주기 위해** 2010년에는 낯설었던 '스마트'라는 단어를 써서 스마트 쇼핑 쇼, 그리고 '김선희와 함께하는 명품 세계 일주' 콘셉트로 출장 영상을 기획했다. 이렇게 출연자에 따라 영상 콘셉트, 프로그램 콘셉트도 달라지게 된다. 지금도 다양한 채널에서 아주 친숙한 캐릭터로, 명품에서 카테고리가 확대되어 라이프 스타일, 건강까지 다양하게 활동 중이다.

그다음은 내 인생에서도 **많은 비중을** 차지하는 정승혜 **쇼호스트이다.** 지금은 신세계에서 활동하고 있다. 내가 처음 롯데홈쇼핑(그 당시는 우리홈쇼핑)에 2004년에 입사했을 때 나와 첫 방송을 한 쇼호스트다. 그때 판매했던 것은 섹시 마일드라는 기초 화장품이었다.

그녀의 방송인으로서 매력은 한결같다는 것이다. 인간적으로도, 쇼호스트로 동일한 인간성이다. 방송에 그 인성이 묻어난다. 그녀의 방송은 '진심'이다. 넘치지 않는 표현에 가끔 넘치게 표현할 때 고객도 알아챈다. 그러한 본선이 그녀의 팬들과도 함께하고 나 역시 그녀를 좋아하게 된다. 그녀를 20년 넘게 지켜본 고객들은 그녀가 소개한 상품들을 함께 쓰고 함께 나이 들면서 이제 그녀를 믿고 구매하게 되었다.

그래서 요즘 라이브 커머스나 공구를 하는 정승혜 쇼호스트가 사랑받고 있는 것 같다.

방송을 하면서 본인이 실제 캐릭터와 방송 캐릭터가 다를 경우 **실생활에** 지장을 겪는 경우가 있는데 정승혜 쇼호스트는 내가 봤을 때 가장 일관된 사람이다. 그래서 주변에 따르는 사람이 많다. 참, 손해 볼 때도 있는데 우직하고 정직한 사람이다. 그래서 고객들도 그 우직하고 진실된 친구를 알아봐 주시는 것이다. 고객들도 이제는 프로니까 크게 과장하지 않고 '상품에 대해 아주 친절하게 설명해 주는 친구 같은 쇼호스트다'라고 평가한다. 이처럼 아주 여러 상품군, 여러 채널로 그 영역을 확장해 가고 있다.

요즘에는 상품 기획부터 공동 구매 홈쇼핑 방송 채널, 라이브 커머스 방송, 아카데미 원장, 인플루언서 활동까지 그녀의 활동이 널리 기대되는 한 해를 맞이하고 있다.

이러한 것이 이런 캐릭터들의 큰 장점이다. 그녀와 늘 짝꿍 같은, 현재 CJ에서 활동하고 있는 유아랑 쇼호스트의 경우 사실 친구 같은 **캐릭터이기도 하지만** 이분은 약간 카멜레온 같다. **어떨 때는** 숍 마스터 같은 느낌도 나서 전문적이기도 하다. 그런 매력이 보는 이로 하여금 지루할 틈이 없게 한다. 또한 가지고 있는 피부 톤이 워낙 좋아서 시연 방송에 매우 탁월하다. 나는 너무 친하고 잘 알아서 그런지, 사실 우울할 때는 유아랑 쇼호스트의 방송을 볼 때 제일 재미가 있다. 너무 진지

한 게 웃긴데, 그러다가 얼굴과 목소리 톤이 확 바뀌면서 고객을 몰아 칠 때는 주문 콜을 양몰이 하듯이 아주 능수능란하다. 그래, 우리가 20년 가까이 밥 먹고 한 게 이건데. 그래도 유난히 잘하는 사람들이다. 각자 다 본인들의 매력이 충분히 있다.

독자들도 라이브 커머스 셀러에 도전 중이라면 본인의 매력을 최대한 길러 내라. 고객들에게 설득하는 커뮤니케이션이 가능하도록.

⑤ E. 아나운서 캐릭터

홈쇼핑에서는 보험이나 여행 방송에 있을 수 있는 캐릭터이고 그리 사랑받는 캐릭터는 아니었다. 혹은 '공부 안 했네', '알맹이가 없네' 할 수 있는 캐릭터이지만 라이브 커머스에서 가장 중요한 소통 부분이 잘 되는 이 캐릭터는 아주 귀하고 사랑받는 추세다. 셀러로 보면 김우리 님 같은 캐릭터이고 쇼호스트는 잼형 서경환 님이다.

나도 온한류 대축제라는 라이브 커머스를 거의 1주일 동안 진행하면서 서경환 님과 진행해 보니 그 진가를 알 수 있었다. 여기서 소통이라 함은 방송 중에 일어나는 제작진-시청자와의 입체적인 소통을 말한다. 현장에서 일어나는 다양한 문제들도 매끄럽게 해결해 가면서 방송을 진행하는 PD와 실시간 의사소통이 가능하면 함께 진행하는 진행자를 리드해서 방송 전체 매출을 올리는데 안정적인 방송이 되게 한다. 만약 방송 자체가 라이브인데 매끄럽지 않다면 사실 매출보다도 방송을 진행하다가 60분이 훅 지나가 버리게 된다. 그럴 때 현장에서 이런 출연자는 소금 같은 존재이다.

일반 홈쇼핑에서 진행자일 때는 서경환 님이 여성 출연자에 비해 키도 월등히 크고 다른 진행자들에 비해 큰 장점이 없었다면 지금 라이브 커머스에서는 예전에 '잼형'으로 쌓았던 실시간 라이브의 순발력까지 가미되어 더할 나위 없는 본인의 스테이지가 된 것이다.

고객은 라이브 커머스에서 소통을 하면서 쇼핑 방송이라는 새로운 경험을 얻고 싶어 한다. 그 바람을 서경환 님은 아주 빠르게 쫙 해결해 주고 세로 화면인 모바일 화면 플랫폼의 UI까지 활용하면서 최적화된, 압도적인 퍼포먼스를 선보인다.

한 가지 보충해 줄 것이 있다면, 이렇게 다양한 역할을 하는 쇼호스트 옆에 세워 둔 상품이 아주 전문적인 것이라면, 그리고 그 상품이 한 가지로 장시간 노출된다면, 여기에 상품 전문 게스트(업체 관계자도 좋다)를 함께 출연시킨다면 최고로 좋은 조합을 얻을 수 있다.

나도 서경환 님을 캐스팅할 때 내가 편할 것 같고 방송을 매끄럽게 진행해 줄 수 있는, 내가 믿을 만한 사람이 필요했기에 캐스팅했고 그게 적중했다.

그게 매출로도 이어질 수 있다는 걸 증명해 주었던 방송을 해 봤기에 더 믿을 수 있고 지금 네이버에서도 상위 매출을 쭉 하고 있는 걸 보면 이제 아나운서형 진행 방식에서 아이돌식 유형까지 가능한 사람이 아닐까 하는 생각이 든다.

요즘 들어 시청자들은 주로 콘텐츠의 소비자가 아닌 콘텐츠의 제작자이다. 상품도 너무 잘 알기 때문에 상세 페이지를 보면 한눈에 알 수도 있다. 오늘, 지금 왜 사야 하는지 안내해 주고 지금 나에게 특별한 경험과 현장의 생동감을 잘 전달해 주는 특별한 경험에 대한 페이 지불이라고 할 수 있다. 시청자들은 본인들의 경험, 체험에는 비용을 아끼지 않는다. 따라서 아나운서형 진행자들의 방송은 특별한 체험적인 요소를 즐기는 것도 포함된다. 나와는 다른 세상, 나와는 다른 텐션, 요즘 핫한 라이브 커머스의 세계를 보다 가까이서 느끼고 나도 참여한다고 느낄 수 있는 진행 방식이 시청자가 원하는 방식이고 라이브 커머스 플랫폼에 적합하다고 본다.

이 경우에는 방송 경력도 웬만큼 있어야 하고 **방송 외에도** 타고난 순발력도 있어야 하며 일반적인 소통 능력도 뛰어나야 하는 데다, 위기 대처 능력도 뛰어나야 하므로 굉장히 섬세하면서 대담한 캐릭터여야 한다. 사실 말이 쉽지 어려운 캐릭터이다. 방송 횟수를 무조건 많이 한다고 해서 느는 것도 아니다.

이 캐릭터를 통해 가장 크게 느낀 점은 입체적인 소통이다. 내가 왜 이 유형과 방송했을 때 라이브 커머스가 편했을까?

그건 라이브 커머스 현장에서 판매자를 대신하는 방송 진행자인 PD 쪽과 고객의 중간에서 소통을 양쪽으로 원활하게 해 주었기 때문이다. 메시지의 막힘이 없고 NG가 나더라도 서로 양해가 되는 방송을 하면서 신이 날 수 있는 구조이다.

이 유형의 가장 큰 단점은 현재 A, B, C, D의 방송쟁이들 중에도 이러한 캐릭터들이 많다는 것이다. 다만 아직 라이브 커머스를 주로 하지 않는다는 것뿐. 앞으로 시장이 확대되고 여기에 더 많은 연예인, 각 분야의 특히 인플루언서들까지 유입되면 진행자의 중요한 역할을 망각할 수도 있다. 하지만 그러한 시기가 지나면 또 이들의 전성기는 오게 되어 있다. 흔히 방송계에서 '김성주' 아나운서 같은 캐릭터로 볼 수 있다.

김성주 아나운서는 정말 많은 방송을 하고 있지만 얼마 전 경연 대회에서 NG가 난 상황에서 그의 대처 능력을 보고 놀라지 않을 수 없었다. 그는 제작진보다도 방송 전체의 흐름과 결과를 정확히 이해하고 있었고 시청자들에게 양해를 구하는 동시에 최대한 매끄럽게 진행해 갔다.

아나운서형 방송 진행자들이 놓치는 점은, 가끔 자신을 그저 사회자라고 생각하는 경우는 그 가치가 현저하게 떨어진다는 것이다. 방송에 출연까지 할 수 있는 PD라는 개념으로 이해하는 것이 빠를 것이다. 본인은 힘들지만 그 많은 방송의 마인드맵을 머릿속에 입력한 다음 간다면 이 캐릭터들은 더 **단단해질 수** 있다.

방송계에서 모든 출연자들은 늘 약간의 불안감을 가지고 산다. 또 섭외하는 분 역시 늘 불안하게 생각한다. 이 불안감은 정확하게 수치화할 수 없는 기대감과 미래에 대한 보장이 없기 때문일 것이다.

3) MBTI별 추천 플랫폼

나의 MBTI는? MBTI 심층 분석! 나는 누구인가? 나에게 맞는 플랫폼은? 나는 인플루언서가 될 수 있을까?

요즘은 나중시대다. '나 중심시대'라는 뜻이다. 그래서 다양한 나를 테스트할 놀이들이 유행인데 그중 하나가 MBTI일 것이다. 놀이라고 하기에는 굉장히 오래된 심리학에 기반을 둔 통계학이라고 본다. 어떠한 학자들은 심리학적인 근거가 미비하다고 깎아내리고 비하하지만, 꽤 오래되고 현대 사람들의 데이터가 백업되어 요즘에 맞는 심리적 통계라고 생각한다. 겨우 4개의 혈액형을 가지고 서로를 테스트하는 것보다는 16개의 MBTI가 낫지 않을까? 그리고 적어도 밑의 내용들을 보면 MBTI를 통해 나를 알고 더 자세히 나에 대해 알아보고 싶은 욕구가 생길 것이다. 인플루언서, 셀러가 되기 위한 가장 기본적인 행동은 'I'를 잘 개발하는 것이다. 매력적인 내가 되는 것이 가장 훌륭한 마켓의 준비이고 내가 업체라면 내 상품에 맞는 매력적인 셀러를 찾는 것이다. 따라서 MBTI는 투 머치 할 만큼 자세히 알려 드리겠다.

MBTI는 마이어스-브릭스 유형 지표(Myers-Briggs Type Indicator)의 약자다. 이사벨 마이어스가 어머니 캐서린 브릭스와 함께 칼 융의 '심리 유형론'을 이론적 기반으로 제2차 세계 대전 시기에 개발한 성격 유형 검사다.

이들 모녀는 MBTI 문항 검사가 성격 유형을 결정하는 도구가 아니며 상담가와 내담자 상담을 통해 유형을 찾는 것을 돕는 참고 자료임을 명시했다. 이에 정식 검사표에는 '성격 유형 제공'이 아니라 '추정 성격 유형 제공'이라고 명시했다. 요즘 MZ세대는 또 다른 명함처럼 쓰이고 있는데 아주 쉽게 네이버에 검색하여 12분 정도 투자하면 본인의 MBTI를 알아낼 수 있다.

https://www.16personalities.com/ko/

최근 주변에 있는 방송하는 분들, 인플루언서, 학원생분의 수업을 진행하면서 80여 명의 MBTI를 수집했다. 신기하게도 그들은 E유형이 많았다. 뭐 그다지 신기할 것은 없었지만 I유형이 3명 있다는 것이 더 신기한 것일까?

　MBTI는 다음과 같은 지표로 8개의 지료를 총 16가지 유형으로 나뉜다. 표로 정리해서 알아보자.

　본인이 예상한 것과 같은 유형인가? 가끔 MBTI 검사를 하고 놀라는 경우가 있다. 그리고 다시 하고 난 뒤 똑같은 결과가 나오면 **허탈해한다**. 내가 나를 몰랐나? 꼭 한 번쯤은 해 볼 필요가 있다. 나를 객관적으로 안 다음 나를 인플루언서화하고 셀러화하는 작업이 꼭 필요하다. 그래야만 꼬이는 일이 없다. 그렇게 시작하지 않으면 어디서부터 뭐가 꼬였는지 모를 수밖에…. 사실 E가 아닌 I유형들도 방송이 적합하지 않다고 볼 수 없다. 인스타그램에서 본인의 얼굴이 나오지 않더라도 레시피를 1~10까지 나열하고, 인테리어를 공개하고… **그런 과정들을** 게시할 수 있는 건 I유형들의 전유물이다. 활동적인 E유형들은 넘사벽인 일일 것이다. 인스타그램이나 조용한 시간대의 그립에서의 셀러도 충분히 도전할 수 있다.

1인 채널이지만 우리가 모여서 방송을 한다면 MBTI별 어떤 일이 일어날까?

ISTJ 성실 노력형	ISTP 효율 추구형	ISFJ 수호자형	ISFP 장인형
INTJ 과학자형	INTP 분석가형	INFJ 정신적 지주형	INFP 예술가형
ESTJ 관리자형	ESTP 자극 추구형	ESFJ 친목 회장형	ESFP 사교가형
ENTJ 지도자형	ENTP 다재다능형	ENFJ 박애주의형	ENFP 재기 발랄형

위의 스타일을 방송 스타일에 적용한다면 아래와 같다. 개인적인 취향과 나의 다양한 경험을 바탕으로 꾸며 본 MBTI 방송 현장편

사실 EN-으로 시작하는 MBTI들만 가지고는 뒷심이 부족할 수 있다. 용두사미가 될 수 있다. 늘 시작과 끝이 필요하다면 ISTJ처럼 꼼꼼한 매니저가 필요하다는 이야기를 하고 싶다. 늘 방송쟁이들은 입으로만 흥하고 흥분만 했지 실속이 없거나 실행이 안 되는 경우가 있어서, EN-들끼리는 ENTJ, ES- 님까지 추가하면 ESTJ, ESFJ가 그런 일을 해 주어야 할 것이다. EN- 님들은 지금 머릿속이 복잡하다. 이미 미래 속의 아이디어에서 놀고 계시기 때문에 현실에 큰 흥미를 느끼지 못하신다. 특히 ENTP, ESTP 님들은 이 세상 분들이 아니시다. 본인들의 용무가 아니면 좀처럼 움직이기도 힘든, 몸만 크신 아이 같은 분들이시다. 그런데 쉽게 놓아 주지는 마시길. 행운의 마스코트나, 들에 핀 네잎클로버처럼 찾기는 어려운, 참 순수한 의도만 있는 본인의 흥미만 챙기시는 분들이시다.

그래서 이분들의 텐션은 저세상 텐션이다. BJ를 하셔도 될 만큼, 비방용이 많을 수도.

ENFJ나 ENFP는 멘트가 풍부하고 다른 사람에 대한 배려, 눈치가 빨라 방송에도 적합하고 정규 방송에도 가능하며 다양하게 적응이 가능한 방송인들이다. 실제 방송인들도 이 MBTI가 많은 편이다.

INFJ는 MBTI 중 내가 제일 모르겠는 유형이다. 책을 출간한 후에도 한참 동안 이 **유형에 관해 연구해** 볼 생각이다. 아니면 내가 이 유형에 관심이 없나?

나는 요즘도 같이 방송 진행할 게스트, 쇼호스트, 업체분들에게도 MBTI를 많이 물어보는 스타일이다.

참고로 하는 MBTI지만 새로운 라이브 커머스 세계에 새로운 사람들을 만나고, 바로 헤어지고, 또 새로운 아이템으로 1회, 2회 방송하는 시대에 나라도 제대로 알고 어떠한 일정한 기준이 없이, 흔적도 없이 지내면 언젠가는 허탈함, 멘털의 허전함이 온다.

재차 나에 대해 체크할 것도 없다. 한 번 정도 크게 점검하고 몇 년에 한 번 정도 하면 된다. 내가 제대로 keep-going 하면 되는가? 하고 말이다. 자동차 정기 점검 하듯이 말이다. 나 역시 홈쇼핑 방송을 18년 하고 난 뒤 퇴사할 때 내 스스로 방송시간, 매출 방송 경력을 정리해 보니 한 장으로 정리가 된다는 것이 참 재미있고 우스웠다. 그런데 그거라도 없으면 나중에 살을 붙이고 나를 브랜딩 할 만한 것이 아무엇도 없었다. 쇼호스트들은 흔히 본인의 방송 자료도 없고 **사진 한 장도** 없는 경우도 많다.

　나는 방송을 하면서 늘 그 점을 강조했다. 우리 스스로를 수치화하는 게 중요하다는 걸. 그게 브랜딩화다. 그래서 지금 이 순간도 우리는 기록해야 하고 지금 나 역시 그걸 하고 있는 것이다. 쉽게 하고 있는 라이브 커머스를 하고 있다면 인스타그램이나 내 핸드폰 갤러리 앨범을 통해서라도 정리라는 것을 해야 한다. 당신은 엄청난 브랜드이고 앞으로 더 그렇게 될 것이기 때문에 앞으로는 더 그렇게 될 시간이 없기 때문에 지금 그렇게 해 두어야 할 것이다. 만약 당신이 업체라 할지라도 더 바빠질 것이고 미리미리 정리해 두면 그것은 데이터베이스, 즉 힘이 될 것이고 그냥 찍고 넘기는 사진은 내 핸드폰의 내장 메모리를 차지하다가 버려지는 쓰레기 파일이 되는 것이다.

　내가 어떤 사람인지, 나를 분류하기 위해서는 다시 한번 NBTI가 중요한데, 꼭 MBTI가 아니더라도 나를 자세히 알기 위해 다양한 체질 검사 등 할 수 있는 것이라면 뭐든지 좋다.

구분		마이어스-브릭스 유형지표			
		T(나의 판단, 사실중요분석적)		F(타인과의 관계, 감정 중요)	
		J (부지런하고 규칙·원칙적)	P (게으름, 융통성, 자유주의)	J (부지런하고 규칙·원칙적)	P (게으름, 융통성, 자유주의)
I 신중 집중	S 현실적 구체적인 것 신속, 정확	ISTJ 취미형 유튜버	ISTP 인스타 상담사 라방	ISFJ 인스타 라방	ISFP 감정 치유 방송/ 인스타 공구/ 라이프스타일/ 얼굴 비공
	N 아이디어 추상적인 것 미래지향적	INTJ 저도 잘.	INTP 상담 유튜버	INFJ 새로운/그립 인스타 라방	INFP 개인 치유 방송
E 사교적 활동적	S 현실적 구체적인 것 신속, 정확	ESTJ 네이버	ESTP 소속사상의	ESFJ 그립 인스타 라방	ESFP 일상 공개 유튜버
	N 아이디어 추상적인 것 미래지향적	ENTJ 네이버	ENTP 원하는/늘 새로운	ENFJ 그립	ENFP 원하는/늘 새로운
진한색: 반드시 소속사에서 회사가 필요한 크리에이터					

3. 흥하는 셀링 포인트의 법칙

1) 소구 포인트 잡기

① 두괄식으로(마인드맵으로 탄탄히 설계)

주제는 무조건 두괄식이어야 한다. 시청자, 소비자가 바뀌기 위해서 주어진 시간은 늘 길지 않다. 시청자에게 있는 마음의 문은 늘 도미노의 식으로 열린다. 문은 우리가 하나하나 열고 들어가는 게 아니라 시청자가 열어 주신다. 열어 주시다가 **어느 부분에서** 구매 포인트에

꽂히면 결제로 이어지는데, 그때 구매 프로세스가 매끈하게 성공하면 결제가 이루어지고 소비자가 되는 것이다. 따라서 꼭 소구 포인트가 두괄식이 되도록 해야 하며 시청자는 일정 시간에 들어오는 것이 아닌 지속적으로 불특정하게 접근하기 때문에 반복적으로 해야 한다. 그러다 보면 당연히 쇼트 피치를 **해야 한다**.

　마인드맵을 그려 보는 것을 추천한다. 특히 초보 셀러들이 흔히 하는 실수가 방송이 끝나고 나서 '아, 나 공부 많이 했는데 얘기 다 못했다'라며 이렇게 아쉬워만 한다. 이처럼 뒤늦게 후회하지 말고 사전에 탄탄하게 마인드맵을 그린다. '이 상품' 하면 생각나는 것들(여기서 셀러에게 생각나는 것이란 소구 포인트를 말한다)에 내가 할 이야기를 확장시킨다. 그렇게 적당히 확장시킨 뒤 색상이 있는 볼펜을 든 다음 중요도에 따라 3가지 정도로 표시한 뒤 가장 중요한 것에 시간을 많이 할애하는 형식이다. 그렇게 메모하고 나면 중요한 곳에 시간을 쏟고 중요하지 않은 이야기들은 가지치기를 할 수 있다. 이런 식으로 마인드맵으로 연습을 하다 보면 손으로 쓰지 않아도 **되는 일도 있고** 필요에 따라서 계속하다 보면 나만의 포트폴리오가 되는 경우도 있다.

② 쇼트 피치 안에(나에게 주어진 시간은 1분 이내)

　나에게 주어진 시간이 1분 정도라고 생각해야만 한다. 살을 붙이고 인사를 하고 하다 보면 3분 정도가 되고 **옆 사람과도** 인사하고 하다 보면 5분 정도가 지나간다. 늘 이 상품에 대한 핵심적인 설명, 핵심적인 소구 포인트 설명은 1분 이내로 가지고 있어야 한다. 요즘 정치인들 사이에서도 이런 **메시지들이** 유행인데 릴스나 틱톡 등 짧은 영상에 익숙해진 요즘, 우리들에게 30초 광고 영상도 너무나 길게 느껴지지 않던가? 뭔가 내 말에 힘을 넣어 줄 리듬감 있는 1분, 그리고 짧게는 30초를 3가지 버전 정도 준비한다면 1시간 방송 정도는 거뜬히 OK~

③ 긍정의 언어로(어두운 세상 밝은 텐션으로)

비교적 사람들은 자기 주변 현실이 어둡다고 생각한다. 그 세상과는 다른 현실을 느끼고 싶어 하고 밝은 현실을 느끼고 싶어 하며 부정적인 단어들을 많이 쓰는 셀러의 방송을 보면서 돈까지 써 주지는 않는다. 정말 잘 파는 셀러들의 방송이나 인스타그램을 보면 그냥 일상이다. 그냥 힘이 빠져 있다. 그게 힘이다. 이제 경지에 이른 것 같은, 사람들은 그러한 자연스런 긍정적임을 원한다. 아무렇지 않은 것 같은 자연스러움 말이다. 예를 들어 '이 상품은 이 더러운 걸 닦아요~'라는 표현보다는 '자, 보세요~ 자, 시원하게 말끔하게 해 드립니다~ 자~ 짜잔~'이라고 해 보자. 잔망스럽고 유치해도 이런 표현들이 더 시청자가 마음을 열어 주는 표현이다. '자, 이것도 닦아요, 자 이것도… 너무 잘하죠? 오늘 이 시간 어쩜 우리는 또 만났어요~ 인연이죠~ 업체님 우리들끼리는 조금 할인하고 이거 하나 껴서 비밀리에 쇼핑하고 끝낼까요?' 이렇게 판매하는 셀러는 금세 시청자를 자기편으로 만들고 고객으로 만들어 버린다. 유치하다고 생각해도 반복적이고 진실적인 액션은 다 알아볼 수 있기 때문에 그리고 **평상시** 그 셀러의 팬들이라면 그게 요즘에는 통하는 세상이다.

다시 그런 세상이 되고 있다. 우리 오빠가, 언니가, 동생이 판 거니 교환, 환불도 안 한다. 그래서 요즘 개인 인플루언서들이 판 상품들이 전환율도 높다고 한다. 중국 시장도 마찬가지고 말이다.

④ 라이브 커머스 구매 전환율

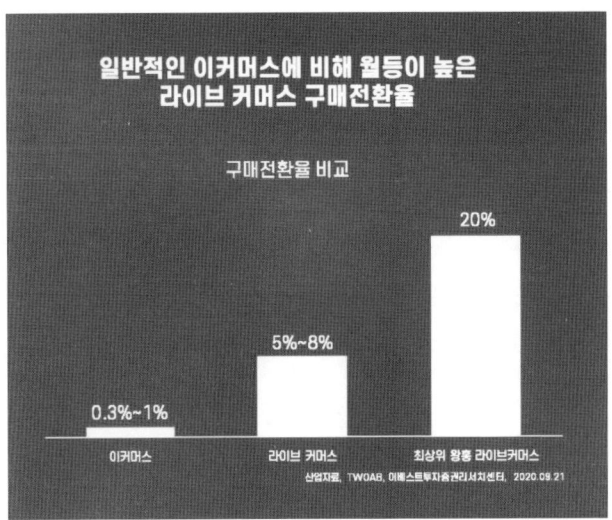

내가 AHC 아이크림, 퍼스트 C 세럼, 명품을 판매할 때도 늘 미팅의 시작은 상품의 닉네임을 짓거나 프로그램 타이틀을 짓는 것부터 시작이었다. 수많은 셀러, 상품, 프로그램 사이에서 고객에게 가장 먼저 터치하는 것은 네임이다. 여기서 터치란 것은 고객의 마음을 건드리는 행동이다. 고객의 마음을 잘 터치하게 되면 제대로 고객의 마음에 도킹할 수 있게 된다. 고객의 마음에 제대로 도킹이 되는 상품이나 방송, 셀러는 가격이 얼마든 큰 상관이 없을 수도 있다. 이미 고객의 마음을 흔들었으니 어떻게든 고객은 그것을 갖고 싶어 한다. 요즘 명품 시장, 득템력이 활개 치는 이유도 그러하다. 명품시장이 아닐 경우 너무 물건이 많은 요즘 예비 고객의 눈에 띄기 위해서는 특별한 스토리, 메시지가 있는 이름이 필요하다. '얼굴 전체에 바르는 아이크림'. 이것이 처음 AHC 아이크림의 슬로건처럼 쓰였고, 퍼스트 C는 보이는 비타민 C라 해서 투명한 병에 담아 있는 안정화된 상품임을 강조했다. 상품의 소구 포인트를 강조하면서도 메시지를 담을 수 있는 워딩이 필요하다. 퍼스트 C 같은 경우에는 많은 닉네임이 있었다. 재구매가 많아지고 판매가 늘어나면서 #국민 세럼 #마약 세럼 등등. 시간이 지나면서 닉네임이 지어진다는 것은 고객들에게 언급된다는 것이다. 닉네임을 짓는 것의 또 다른 효과이다. 고객에게 **언급될** 수 있는 소재를 **던져 주는** 것이다. 그래서 인플루언서 셀러가 되려는 친구들도 늘 첫 시간에 본인의 활동명을 짓는 수업을 진행한다. 그리고 본인의 부캐를 생성한다.

⑤ 고객에게 무엇이 득인지?
(me 메시지-고객관점): 시청자가 소비자가 되어야 하는 이유

결국 내가 파는 것도 중요하지만 궁극적으로 시청자가 '바잉'이라는 구매 행동을 보여 주는 것이 중요하다. 사실 나 역시 판매보다는 많은 소비를 하는 시청자나 구매자이다. **그런 관점에서** 생각하는 연습을 하는 것이다. 쉽게 핸드폰 메모장, 앨범을 활용하라. 일부러 하지 말고 오늘부터라도 내가 SNS를 보다가 구매를 하거나 관심을 보이는 광고를 누르는 순간을 캡처 하고 왜 그걸 눌렀는지, 왜 관심을 보였는지 메모하는 습관을 기르자. 가능하다면 주변 친구들에게도 서치해 보는 노력을 기울여 보자. 판매자의 시선으로 보면 자꾸 팔고자 하게 되는데, 의외로 사려고 하는 시선으로 바꾸면 아주 일이 쉬워진다. 고객의 입장에서 오늘 사야 하는 이유? 고객의 입장에서 무엇이 좋은지? 이걸 어떤 고객이 살지? 고객이라면 들어서 어디부터 볼지? 고객이라면 뭘 제일 궁금해할지? 업체 미팅할 때 내가 궁금해한 게 뭔지? 그런 걸 잘 메모하면 된다.

의외로 방송할 때는 내가 잘 알고 있기 때문에 고객도 잘 알고 있을 것이라는 생각을 하면서 구성도, 배송도, 잘 안 보여 주는 그런 방송을 하는 분들이 정말 많다. 상품도 본인만 보면서… 정말 많다는….

⑥ 고객을 머물게 하라, 상상하게 하라

건강식품 PPL, 패션 아이템 PPL들이 그래도 아직 조금은 가능한 이유는 트렌드이고 고객들이 관심을 보이기 때문이다. 우리도 무의식중에 '아 저게 트렌드인가?' 하니까 말이다. 엄마들은 **건강 전문가들이** 나오는 프로그램은 모두 섭렵하시면서 최유라 선생님이 방송하시는 건강식품 방송을 할 때마다 전화를 하셨다. 저거 사야 하는 거 아니니? 정승혜 쇼호스트가 지금 방송하던데 저거 살까? 인스타그램에서도 한 3~4번 왔다 갔다 하면서 보이면 나도 누르게 되는 것 같다. '뭐, 엄마랑 다를 게 없네.' 이런 생각을 한다. 그렇게 해서 사게 된 것도 있고 지금 배송되고 있는 아이템들도 있다. 방송을 **할 때도** 고객에게 이 상품이 트렌드라는 것, 그리고 그러한 소구 포인트를 1, 2, 3으로 스토리텔링을 해서 1, 2, 3을 언급하는 동안 텐션을 조정하면서 고객이 머물 수 있게 시간을 얻어 내는 것이다. 물론 고객이 내어 준 시간 동안 나는 고객을 설득해야 한다. 그리고 이 상품에 자신이 있어야 할 것이다. 방송이 재미도 없고 귀한 시간을 내어 준 고객에게 실망하게 만든다면 고객과 셀러 고객과 상품 사이에 다음은 없다. 정말 자신 있다면 더 더욱 강하게 1분, 30초쯤 강하게 베팅하라. 고객에게 강하게 베팅한 만큼 고객은 머물고 기대할 것이고 기꺼이 지불할 것이다. 라이브 커머스에서 상품을 판매하는 것은 연애하는 것과 비슷하다. 밀당이다. 좀 예전의 연애 같은 밀당이다.

고객들도 본인을 잡아 주고 알아봐 주고 만족시켜 주고 또 다시 만날 수 있기를 기다린다.

4. 방송 큐시트, 스토리 보드, 판넬 작성 실전 연습

1) 흥하는 DP, 흥하는 제품 시연

라이브커머스 방송 설계/ 모니터링(micro CUE-SHEET)

방송날짜/ 플랫폼/ 출연						
PGN 타이틀/ 주요포인트						
브랜드 및 상품						
방송 시 주의/ 유의사항 2인 방송 시 룰 체크						
소구포인트(강조점) 중요도순으로		1		2		3
소구포인트를 어떻게 표현할 것인지?						
시간 (T/C)		VIDEO (CAM)	브랜드/CM	Audio	VCR	CG/PNG(중계 자막)
체크사항		세미 리허설		오디오, 마이크 체크	모니터 위치 체크 판넬 체크/ 출연자 역할 배분/ 시연 순서 체크	
1	20:00	오프닝+인사		ST	MOBILE ST	
2	20:00:5	라이브 CAM		ST	MOBILE ST	소통+메인 아이템 강조, 수량 체크
3	20:02:20	혜택, 주문 유도		ST	MOBILE ST	오늘 사야 하는 이유?
4	20:07:20	상품 디테일+소통 +메인템 캐치		ST	MOBILE ST	상품 브랜드+현장 CALL
방송 전				방송 후		
체크리스트		아쉬운 점 기타		체크리스트		아쉬운 점 및 기타

라이브 커머스에 대한 질문 중 가장 많은 것이 장비에 관한 질문이

지만, 사실 탄탄한 큐시트 한 장을 가지고 있는 것이 방송을 해 나가는 데 정말 큰 무기이다. 방송 장비를 설치하는 것도 중요하지만 고객은 그 안에서 콘텐츠, 흐름을 실시간으로 느끼기 때문에 방송 한 시간 중 한 템포 흘러갈 정도의 큐시트는 스스로 **시뮬레이션화해** 보는 것이 중요하다.

방송 들어가기 전 라이브 커머스용 큐시트를 쓰고 서로 커뮤니케이션하는 것을 추천한다.

방송 중 시청자와 완벽히 소통을 위해서 방송 전 업체, 함께하는 출연자와 소통을 완벽히 해야 하고 스스로 완벽히 준비해야 하는 것도 물론이다.

스스로 방송 준비를 위해 위의 설계도(큐시트, 스토리 보드)를 작성해서 포트폴리오로 가지고 있는 것을 추천한다. **지속해서** 방송 개선에도 도움이 되고 매 방송마다 방송 시 커닝 페이퍼 같은 역할도 해 줄 수 있으면 방송 시 흔히 하는 실수인 주요 사항을 빼먹을 일도 없게 된다.

사전에 꼭 해야 하는 일도 루틴이 될 때까지는 반드시 이러한 시트를 통해서 챙겨야 한다.

5. 실전 라이브 커머스 PD 연출

1) 방송 전, 방송 중, 방송 후 체크리스트 1인 방송국 준비 과정

NG여도 괜찮아!
다양한 상황 - 나도 셀러는 처음이라

① 방송 중 오디오, 비디오가 out~

네트워크 환경이나, 오디오 장비의 영향으로 다양하게 송출 이상이 생기는 경우가 있다.

최근 쿠팡 라이브 커머스 방송 중에도 오디오가 안 나오는 경우가 생겼다. 귀여운 미쭈 언니와 영심이의 선택은 종이에 써서 방송을 이어 가는 것이었다. 수화도 멈추지 않았다. 지금은 전문 셀러로 활동하는 둘이지만 그 당시는 아찔한 순간이었을 것이다. 방송 송출이 아예 안 나오는 줄 알고 오디오 실수나 비디오 실수를 해서 큰 실수를 하거나 돌이킬 수 없는 실수를 할 경우가 생기기 때문에 늘 카메라 오디오 앞에서는 조심해야 하고, 뭐든 시스템이 돌아가고 있다면, 시청자가 보고 호응하고 있다면 우리는 그 앞에서 그 상황을 활용해서 최선을 다 해야 한다. 오히려 NG가 난 상황에 열심히 하는 셀러를 보고 나가지 못하고 함께해 주는 고객들을 보면서 참 고맙고 그게 매출로 이어지는 상황을 눈으로 많이 보게 되었다. 이런 상황은 있어서는 안 되겠지만 있을지라도 태연하게 대처해야 하고 빠른 시간 내에 회복할 수 있어야 한다.

Check point

* 쿠팡 라이브 커머스의 경우 다음과 같이 안내하고 있다.
- 갑작스럽게 방송을 취소해야 하는 상황이 생겼을 때
  방송 7일 전까지 미리 담당 매니저에게 공유해 주시면, 다른 시간으로 편성 변경을 도와드리겠습니다.
  단, 치명적 제품 오류/부작용/재난 재해/질병 등 응급 상황을 제외한 개인적인 사유로 방송을 취소할 수 없습니다.

- 방송 중 네트워크 오류가 반복될 때
  크리에이터에게 네트워크 이슈가 있을 경우, 시청자는 '크리에이터가 잠시 자리를 비웠습니다'라는 화면을 보게 됩니다.
  네트워크 상태가 불안정해 자리 비움 상태가 될 경우, 네트워크 환경을 재정비하고 방송에 복귀해 주세요. 네트워크 환경 재정비를 하면 자동으로 방송에 복귀되고, 만일 15분 내로 복귀하지 못하면 방송은 강제 종료됩니다.
- 방송 중 지속해서 악플을 다는 사람이 있을 때
  앱을 통해 해당 시청자를 음소거 하시면 해당 시청자는 방송이 끝날 때까지 채팅창에서 대화할 수 없게 됩니다.
- 제품 수령 후 변경을 원할 때
  치명적 제품 오류나 심각한 부작용이 있을 경우에만, 판매 제품의 변경이 가능합니다.
  방송 7일 전까지 미리 담당 매니저에게 공유해 주시면, 다른 제품으로 변경을 도와드리겠습니다.
※ 서비스 기간 이후 규정 기간이 및 횟수가 변경되거나 내용이 업데이트될 수 있습니다.

② 안티인 시청자의 돌발 행동은 어쩌죠?

 상황을 캡처하거나, 화면을 직접 사진을 찍어서 추후 이런 상황이 생기지 않도록 대비하고 수위가 높거나 반복될 경우 법적 대응(정보통신망 이용촉진 및 정보보호 등에 관한 법률)도 생각을 해 보지만 라이브 진행 중에는 그 안티 유저 외의 다른 다수는 유저들을 생각하여 매끄럽게 방송을 이어 가고 해당 플랫폼의 블로킹 할 수 있는 서비스를 최대한 이용한다.
 혹은 해당 상황에 도움을 줄 수 있는 사람이 있다면 대화를 계속 이어 가면서 자연스럽게 묻히거나 흐름을 넘어가게 하도록 하면 된다.

물론 본인도 방송에 잘못을 한 경우 책임을 져야 하는 것은 **당연하지만, 너무나** 무방비한 상태로 열려 있는 공간이고 다양한 사용자가 있기 때문에 사실 당황스러운 일들이 많이 일어난다.

실제로 아주 다양한 예시가 있는데, 무조건 특정한 단어를 언급해 달라고 도배를 하는 경우나 특정한 포즈를 취해 달라고 한다거나 방의 특성과는 전혀 다른 언급을 계속 하는 경우, 나에 대한 비방의 글을 하는 경우, 커머스 내의 다른 고객을 인신공격하는 경우, 사회적 비방을 하는 경우 등 생각보다 상상하지 못하는 경우가 있다.

일단 방에 모인 **시청자는 쇼핑하거나** 아이템을 보거나 방송을 보는 것이 1차적 목표이므로 방송에 집중하는 것이 최선의 방법이다. 여기에서 계속 대처하면 계속 또 다른 문제가 생기고 잘못하면 프레임 씌우기로 셀러 생활에 큰 장애까지 입을 수 있다.

또한 이러한 일로 크게 상처받지 않는 것이 좋다. '내가 이렇게 성장했구나.', '이런 일도 겪는구나.', '앞으로 이런 일을 겪으면 어떻게 대처할까.' 등 이렇게 넘어가야 한다. 하나하나에 상처받으면 상처투성이 셀러, 인플루언서가 될 테니까.

여기서 꼭 해 주고 싶은 이야기는 이제 셀러가 된 이상 방송할 때 공공의 'I'와 실제의 'I'는 구분해서 생활해야 한다는 것이다. 철저하게 분리하고 생활해야만 나의 본질적인 자아가 상처받지 않고 둘 다 건강한 자아로 살아갈 수 있다.

그래서 자라나는 셀러들과 수업을 할 때 자존감 운동 수업을 꼭 함께 한다.

아침에 꼭 한 번씩 보면서 '크게 호흡을 하자'라는 의미에서 말이다.

한 번씩 큰일을 겪으면 무너진다. 우리도 사람이니깐 '내가 왜 이런 일을 해서.', '이런 일을….'같은 생각은 좀 이따가 툴툴 털어 버리자. '내가 부러워서 그래.', '더 잘 살자.', '오늘 뭐 먹지.', '내일 뭐 하지?' 등으로 생각해 보자.

거울이나 한번 보자. 남한테 관심을 두기보다는 스스로에게 투자하면서 앞으로 나아가자.

③ 아무도 보지 않는 상황, 매출이 나오지 않는 상황, 나는 괜찮아

시청자가 너무 없는 고요 속 외침… 마인드 컨트롤~

A. 큐시트를 보면서
B. 인형이라도 앞에 앉혀 놨나 봐
C. 스태프들 누군가를 설정해
D. 카메라를 연인이라고 생각해(카멍이라고 익숙해진다)

괜찮다. 연습할 수 있는 시간이라고 생각하고, 한 명 한 명 더 디테일하게 소통할 수 있는 시간, 정말 찐 팬을 만들 수 있는 시간이 주어진 것이다. 나도 이런 시간에 만난 고객이 쿠팡 채널에서 200번째 팔로워가 되어 주셔서 직접 댁으로 선물을 보내 드렸었는데, 정말 눈물겹도록 고마워서 옆에 계셨으면 절이라도 한번 해 드리고 싶었다. 그때가 생각나서 저절로 존댓말을 쓰게 된다. 그때 고객의 소중함, 누군가 클릭하고 나에게 와 준다는 소중함을 실제로 느끼게 된다. 반드시 있어야 하는 과정이다. 그래서 난 꼭 느껴야 하는 과정이라고 생각한다. 또 계속 많은 사람들이 오는 시간과 플랫폼만 방송하다 보면 이 소중함을 까먹게 되기에 가끔씩 3시, 4시 혹은 새벽에 조용할 때 이 느낌을 받기 위해 들어간다. 아주 훌륭한 시간이다. 초보에게 힘든 시간이지만. 네이버의 핫한 시간에 들어가서 구매자의 댓글을 못 읽을 정도의 라이브 커머스를 하다 보면 소통이고 뭐고 뭘 한지 모르는 그 느낌보다는 가끔 이런 느낌도 느낄 필요가 있다고 본다. 너무 글이 빨리 올라가거나 프롬프터가(모니터링할 수 있는 화면) 멀리 있을 경우는 본인의 핸드폰을 무음으로 해 두고 폰으로 보면 된다. 본인의 화면으로 보는 것이 **더 자연스러울 때도 많다.**

Check point
Mind core Exercise - 자존감운동
* 이제부터 나는 매사에 자신이 넘친다.
* 용기가 솟는다.
* 마음이 매우 대담해진다.
* 이젠 세상에 두려울 것이 아무것도 없다.
* 아무것도 부끄러울 것이 없다.
* 항상 자신과 용기가 치솟는다.
* 언제나 가능성을 믿고 목적을 향해 힘차게 전진한다.
* 뜻을 둔 일은 즉각 행동을 취한다.
* 성공을 **위해서는** 실패도 두려워해서는 안 된다.
* 나는 세상에 귀한 존재고, 나로서 특별하다.
* 나는 소중하고 나를 가장 사랑하는 것은 나 스스로이다.
* 나를 외롭게 하지 않는다.

Check point

라이브의 특성상, 여러 가지 다양한 일이 생길 수 있으므로 다음과 같은 사항도 반드시 체크해야 한다.

* 방송할 기기의 배터리는 충분한가요?
* 네트워크 환경은 안정적인가요?
* 라이브 중 방송기기에서 알림이 울리지 않도록 설정했나요?
* 방송에 필요한 제품, 도구, 소품들은 모두 준비되었나요?
* 방송 타이틀, 대표 이미지, 방송할 제품명, 가격, 쿠폰 등이 제대로 설정되었나요?
* 브랜드 요청사항은 꼼꼼히 읽어 보셨나요?
* 브랜드와 제품에 대해 소개할 내용은 준비되셨나요?
* 방송할 제품의 특·장점, 가격/딜/프로모션, 쿠폰 혜택, 시연 및 소개할 내용들은 준비하셨나요?
* 방송 중 참고할 스크립트나 상품 소개 순서를 준비해 두셨나요?
* 방송할 내용 중 타인의 권리를 침해하거나 시청자의 혐오감을 유발하는 내용은 없나요?

Check point

또한 멘트 같은 경우도 라이브 커머스 초기 단계보다는 각 플랫폼에서 자체 심의를 거치고 있으므로 상품군별 플랫폼사의 심의 사항을 지켜야 하는 경우가 많다.

공통적으로, 상식적으로 밑에 해당하는 경우는 없도록 한다.

* 음란물 또는 청소년에게 부적합한 방송
* 과장 또는 허위 내용 발설 포함
* 불법적이거나 폭력적인 내용
* 타인에 대한 비방
* 과도한 문신/노출 등 시청자의 혐오감을 유발하는 내용
* 범죄와 관련된 행위 혹은 언급

* 타인의 방송을 허락 없이 사용하거나 중계하는 경우
* 타사 사이트로 접속 및 결제 유도
* 타사 플랫폼 홍보 및 과도한 언급 금지
* 판매 제품과 무관한 제품을 홍보하는 경우
* 제3자의 상표권, 저작권, 성명권, 초상권, 지적 재산권 침해

또한 음원에 관해서는 저작권 문제로 사용할 경우 VOD를 사용할 수 없게 되므로 지금 현재는 사용하지 않도록 한다.

6. 퇴사해서 한 달 1,000만 원 이상 벌기 원해?

대학 시절에 일본 커뮤니티 회사-지금의 글로벌 게임 회사에 영화같이 우연히 취업한 걸 제외하면 대기업 홈쇼핑에서만 20년 정도 다녔다. 그리고 자발적인 퇴사를 한 후 퇴사에 관한 책 출판, 유튜브 등 다양한 협업 제안이 이어졌다. 뭔가 지치고 시간이 없었다. 아니, 솔직히 말하면 내가 원하지 않았던 것이다. 니즈가 있었다면 내가 했겠지. 그리고 '잘 모르겠다'가 솔직한 답일 것이다. 퇴사한 지 1달, 2달 된 사람이 '퇴사란 이런 것이다', '퇴사하면 이런 게 좋아' 등 이런 걸 말할 수 있을 상황이 아니다. 적어도 1년은 지나야지. 퇴사하고 유튜버로 성공도 해 보고, 창업도 해 보고 N잡러도 되어서 월 1,000 이상도 벌어 보고, 다양한 일을 겪어야 나도 뭔가 할 얘기가 생길 것이 아닌가. 그래서 이렇게 책도 쓰고 있는 것인가 싶다. 이제야 가능한 일이 된 것이다.

퇴사 관련 책도 써야 하나? 퇴사는 준비가 필요하다. 그리고 게으르고 나태해진 대기업 말년 차 부장님이었던 나는 굉장히 바쁜 나날을

보내고 있었다고 생각했지만 사실 아주 보호받고 있는, 동물원에서 안전하게 사파리의 이쁜 사자나 호랑이쯤으로 본인이 세상 제일 용맹한 줄 알고 자라던 아이였던 것 같다. 그래도 행복했고 난 정말 훌륭하고 모자랄 것 없는 회사 생활을 운 좋게 보냈다. 가장 힘들었던 것은 꼰대 세대와 MZ 세대(제일 싫어하는 말 중 하나, 새로운 세대들은 사실 규정 지을 수 없는 것에서 그 매력이 있고, 특징이 있으며, 희망이 있다고 본다, 규정 지으려는 것이 꼰대님들의 특징일 수도, 뭔가, 묶는 것에 안정감을 느끼시는, 묶이지 않는 것에 불안감을 느끼는) 사이에서의 불균형과 나를 그 브리지로 쓰려고 하는 것과, 나를 꼰대로도 쓰고 MZ로도 쓰고 또한 노동법이 바뀌면서 무언가 빡세게 일했던 시절을 잊고 돈은 평등하게 주는데 일은 예전처럼 해도 되는데 예전 일은 없었던 것으로 하고 내가 묻는 말에는 답을 해 주는데 내가 아주 미안한데 당신의 위대함과 잘남은 아는데 법이 바뀌어서 그런데 너는 임원이 될 수도 있잖아? 이러한 시선들. 뭔가 기득권이면서 아닌 거 같은 아주 애매한 것들과의 시선 속에 나는 늘 나만의 성취감과 새로움이 스스로를 만족시켜 줘야 하는 사람인데 그걸 뭘 얘기하나. 내가 찾아 나가지 하는 와중에. 코로나가 찾아오고 나는 내 자리에서 미국행 비행기 표를 끊고, 그 몇 달간 유튜브로 나를 유혹하던 대표님과 계약을 하고, 그런 일들이 생기게 된다… 뭐라는 건지 모르는 게 당연하다. 나의 개인적인 일인데 좀 알려 드리고 싶기도 하고 안 알려 드리고 싶기도 했던 거라 그 정도가 적당하다.

아무튼 내 본론은 퇴사는 계획이 있어야 한다는 것이다. 나는 부장 전 차수까지 한 번의 승진 누락도 없이 운 좋게 그리고 실력도 꽤 괜찮은 PD였다. 늘 괜찮은 프로그램을 진행했고 론칭 담당이었으니. 그리고 가슴에 손을 얹고 난 회사에 미친 아이였다. 정말 그때는 어떻게 그렇게 일을 했을까 싶을 정도로. 그런데 그때는, 그리고 지금도 방송은 재미있다. 재미있는 일을 직업으로 할 수 있다는 건 참 행복이다. 일주일에 방송을 8개씩 해도 재미있었다.

그렇게 살던 나에게 메인 홈쇼핑에서 TV라는 매체는 더 이상 매력적이지 않았다. 한창 광고 타임에 나를 **미치게 하였던** 재핑 타임(광고 타임 중간에 콜을 쫙 받아서 주문의 80% 정도를 받아오는 피크 타임)도 없어지고 사전 주문을 더 받을 수 없을까 하는 궁리도 해야 하고 무언가 라이브 방송의 짜릿함과 신선함이 없어지는 것이 아쉬웠다.

대기업 문화에서 새로운 플랫폼의 변화에 빠르게 움직일 수 없는 것도 아쉬웠다. 정말 회사는 나에게 좋은 놀이터이자 일자리였지만 나는 늘 목말랐고 최종 고민은 '퇴사'였다.

멋지고 그럴듯하게 늙는 것보다 한 번 더 심장이 뛰고 싶었다는 것이 내 솔직한 답이다.

두 가지 일을 동시에 하기는 싫었다. 난 늘 당당하고 큰소리 쳐야 하는 아이니까, 뒤에서 다른 일을 하는 그런 애는 되기 싫었다. 퇴사를 하고 여러 가지 연락을 정리하고 결국 내가 하고 싶었던 유튜브를 하고 지금 라이브 커머스를 하고 있다.

다들 궁금해한다. 돈은 버나? 내 대답은 YES다. 그리고 회사에서는 놀아도 돈이 나온다면 프리랜서는 원하면 놀아도 된다. 그러면 내 통장도 함께 논다. 그래서 난 퇴사하기 전 이직이 아닌 프리랜서의 일이라면 월급의 적어도 3분의 2 혹은 동일한 수준의 금액은 월급처럼 나올 수 있는 구조를 만들거나, 혹은 1년 정도는 놀아도 될 만큼은 모아

두고 퇴사하라고 말한다.

나에게 여유를 줘야 한다. 그래야만 내가 하고 싶은 일을 할 수 있다.

그렇게 하면서 밸런스를 찾게 된다. 퇴사를 하면 흔하게 여러 가지 일을 하는데 일을 2가지 정도로 나누면 된다. 돈을 벌 수 있는 일, 내가 하고 싶은 일. 그렇게 나누어 할 수 있다는 것이 해도 된다는 것이 퇴사한 나를 위한 가장 큰 선물이다.

그리고 경력이 한 분야에게 적어도 8~10년 이상 된다면 그리고 그 분야가 핫하기까지 하다면 충분히 경력을 이어서 나의 인적 네트워크를 이용해서 이 일을 할 수 있다.

많은 인스타그램에서 봤겠지만 나 역시 다양한 라이브 커머스 방송을 하고 있고 방송 수익 말고도 '쿠팡'같은 경우 크리에이터 인센티브가 있었던 경우 상위 크리에이터로 뽑혀서 쿠팡 플랫폼 하나에서 1,000만 원 정도의 인센티브를 받은 경우도 있다. 회사를 다녔을 때 보너스를 받았던 달만큼 매우 뿌듯한, 풍성한 달이었다. 그리고 국가에서 하는 프로젝트에 참여한 경우에는 연출비로 4~5일 일하고 500만 원 이상의 페이를 받기도 했다.

다만 이러한 일들은 매우 꾸준하지는 않더라도 원하면 계속 할 수 있다. 나는 현재 아카데미 원장으로 고정 수입을 받고 있고 이 수입 외에 크리에이터 활동, 강의 기타 등등 다양한 수입이 발생한다.

퇴사를 생각하고 유튜브만을 생각하기보다는 좀 더 다양하게 설계하고 입사 때보다도 퇴사를 더 알차게 꾸려야 한다는 생각이다. 그리고 자발적이고 계획적이고 활기찬 퇴사가 매우 생활을 활력 있게 하고 생활도 윤택하게 만들 수 있다는 것이다.

퇴사를 하고 나서 다만 아쉬운 점은 '조금 더 업체분들, 사람들과의 인간관계를 잘하고 나올 것을…' 하는 아쉬움이 있기는 하다. 물론 그 덕분에 나는 회사 생활을 할 때 아무런 미련 없이 일에 매진할 수 있었지만 그분들하고 식사 한번 제대로 못 했던 것들이 아쉽기도 하고, 비즈니스 마인드로 본다면 또 못내 아쉬운 점들이 있다. 나와 다른 성향의 분들이라면 비즈니스적인 면으로라도 인맥이 가장 중요하다는 것을 잊어서는 안 된다. 그리고 장난처럼 이야기했지만. 기술이 최고라고, 편집, 그래픽 기술 등 당장 활용할 수 있는 작업들에 대해 흥미가 있다면 꼭 배우시기를 권장하는 바이다.

회사에 있다 보면 하루하루 다람쥐처럼 살아가게 된다. 힘이 드니까. 나와 보니 야생에는 참 다른 세상이 있고 또 재미있다. 여유로워 보이지만 매우 위태로울 수 있고 모두 너무 여유로운 척하는 것 같기도 하다. 그래서 퇴사를 생각하는 분이라면 꼭 주변 분들과 상의하고 매우 계획 있는 퇴사를 하시길 권해 드린다.

곧 마켓을 만들고 상품도 찾고 다양한 스타트를 하고 있는데 이렇게 퇴사를 하고 나서 내가 하지 않으면 0이다. 온전히 0에서 100까지 나의 몫이다. 자신이 없다면 회사에서도 나는 잘 숨어 있는 나사못이라면 프리랜서로도 전혀 희망이 없다고 본다.

하지만 아주 능력 있는 직장인들은 사실 이 시장에서도 똑같다. 그들은 어디에서도 빛이 난다.

원한다면 원하는 만큼 벌 수 있는 세상이다. 다만 0에서 100까지 모두 나 하기에 달려 있다는 것이 가끔 아찔하다.

내가 하고 싶은 것이 있다, 함께 할 팀이 있다. 1~2년 정도 버틸 금전적 여력이 있다.

이 3박자 정도는 있어야 퇴사를 고려할 수 있을 것이다. 신입이 입사

하는 것보다 더 신중히 생각해야 하는 것이 자발적 퇴사이고 제2의 시작이다. 내 나이가 40일 때 아마도 앞으로 살아갈 날들이 더 많을 테고 40을 살았다 해도 아주 온전히 내 힘으로 살아본 것은 대부분 10년이 조금 넘을 것이다. 그 정도의 패기와 노하우로 앞으로의 나의 40~50년, 그것도 그다지 큰 경쟁력이 없는 사람이라면 힘들 수도 있다.

퇴사를 꿈꾸고 나의 황금 전성기를 누리고 싶다면 30대를 굉장히 농도 있게 살아가라는 말을 하고 싶다. 내 업적을 남기고 그 업적에 생색도 내면서 말이다.

그래야 그 30대를 우려내고, 조각해 가면서 더 멋진 40대, 50대 정도까지 일하고 편안한 노후를 살 수 있을 것이다. 대충 30대를 살아가면 더 힘들게, 더 치열하게, 조금은 비참하게 앞으로 살아가야 할 수도 있다. 적어도 이 책을 읽는 독자라면 충분한 경쟁력이 있고 차별화된 콘텐츠를 가지도 있을 것이다. 조금의 주저함도 갖지 말고 조금의 아낌도 없이 본인의 30대, 40대에 투자하라는 말을 하고 싶다. 20대라면 아직은 괜찮다는 말을 하고 싶다. 정말 편히 놀 수 있는 것은 딱 20대뿐이라는 사실을 알게 되었다. 그래도 된다는 것을 말이다. 그런데 그때 사실 제일 치열하고 많은 고민도 했던 것 같다. 어쩌면 반대로 살아가는 것이 안타깝다. 그 열정이 덜해져서인지, 아니면 20대에 너무 많이 고민해서일 수도 있다. 20대는 다양한 경험, 다양한 놀이, 다양한 성공, 실패 뭐든 많이 해 보고 30대는 선택하고 매진하고 40대에는 이루어 거두면서 나의 입지를 단단하게 돈과 함께 거둘 수 있는 인생 계획으로 세우면 될 것이다.

많은 사람들이 롯데홈쇼핑 내부에 있을 때와 마찬가지로 퇴사에 관한 고민, 인생에 관한 고민, 일에 대한 고민을 많이 물어본다. 다른 대답은 사실 쉽게 대답할 수 있지만 퇴사는 늘 고민스럽게 답하고 나 역시도 상대의 현 상황을 정확히 모르기 때문에 속 시원한 답을 주기가 부담스럽다. 가장 중요한 것은 자신이 퇴사할 자격이 있는지, 야생에서 살아남을 수 있는지는 본인만이 판단할 수 있다는 것이다. 그러기 위해서는 외부의 유혹, 돈을 더 준다는 유혹, 내부의 스트레스보다 'I'라는 사람을 잘 관찰하고 사랑해야 한다. 늘 내 곁에 남아 있는 것은 'I'니까.

PART 5

1인 방송 라이브 커머스 셀러? 너도 할 수 있어! 실전 테크닉

상품군별 시연, 핸들링, 방송표현

1. 시연, 핸들링 중요성

방송의 소구 포인트를 시청자의 구매로 이루어질 수 있도록 방송에 극대화해서 보여 주는 것으로 방송의 출연자, 업체, PD는 셀링 포인트를 시연으로 표현하는 방법을 늘 연구해야 한다.

방송으로 성공하는 상품들은 늘 비주얼이 중요하기 때문에, ON-AIR되는 순간은 출연자가 방송 모니터를 보면서 시연이 잘 되는지 체크하는 능숙함이 필요하며 이를 위해서는 평상시 연습이 필요하고 현장에 따라 스태프, 환경에 따라 다르므로 방송 직전 리허설이 필요하고 중요 시연이 들어가기 전에는 시연을 위한 인트로 멘트 "자, 흡수성 보여드립니다", "자, 제일 중요한 포인트예요, 이거 보고 갈게요" 이런 식으로 주목을 끄는 멘트를 유도하고 시연에도 완급을 조절하는 것이 중요하다. 카메라의 각도, 조명을 이용하는 노하우 등은 방송 전, 후 모니터를 통해 끝없이 노력할 때 쌓이는 것이다.

2. 방송 표현의 중요성

　방송 표현이란 일상적인 언어보다는 주목성, 환기가 필요한 액션이나 언어를 뜻한다. 특히 라이브 커머스는 스쳐 지나가는 시청자가 많기 때문에 이런 시청자를 유입하고 매력적으로 끌어들이는 나만의 언어 및 흡수하는 표현이 중요하다 시청자와 호흡하는 언어들, 예를 들어 시청자가 유입되었을 때 "딩동", "들어오셨어요~", "구매 주셨어요~", "땡큐~" 이런 식의 리액션은 텐션이 높아지며 구매 고객이나 참여 고객들의 흥을 높일 수 있으며 그 흥을 이어가기 위해 구매를 이어가기도 한다. 아주 초기 BJ들의 '별풍선 감사합니다~' 같은 리액션이지만 첫 반응은 소통을 원하는 시청자들이 많기 때문에 방송 표현의 근본적인 시작은 늘 소통이어야 한다. 방송 표현의 2가지 고려사항은 플랫폼과 캐릭터이다.
　내 캐릭터를 지속적으로 유지할 것인지, 플랫폼마다 달리할 것인지를 고민하는 셀러들이 많은데, 나는 늘 캐릭터를 유지하라고 권장한다. 지금은 아직도 실험실 같은 과정이지만 결국은 셀러 캐릭터로 움직이고 최종은 아이템 싸움인 시장에서 현재는 캐릭터가 중요하다고 본다. 본인이 원하는 캐릭터를 살려서 가는 방향이 맞다는 것이다.

3. 방송 큐시트 작성 실습

　방송 큐시트는 방송 진행 시 **네비게이션**과 같은 역할을 한다. 머릿속에 방송 전반에 대한 지도, 상품 전반에 대한 지도가 확실하다면 필요하지 않을 수 없겠지만 어떠한 방송에도 100% 진행 큐시트는 필요하다. 현장은 나 말고도 다른 분들이 있을 수 있기 때문이다. 또한 고객과의 소통을 통해 이루어지는 방송의 특성상 커뮤니케이션을 하다 보면 진행자 역시 길을 잃을 수 있다. 나의 방송 컨디션에 따라서도 그날 방송 참여자에 따라서도 라이브 방송의 특성상 방송은 늘 새로운 길을 가는 것과도 같기 때문에 한 장의 큐시트가 늘 나에게는 중요한 커닝페이퍼, 네비게이션 같은 역할을 하며 후에 모이게 되면 훌륭한 포트폴리오가 된다. 개인의 브랜딩 작업에도 꼭 필요한 역할을 하기 때문에 아래의 큐시트는 매우 중요하다. 이 포맷이 필요하다면 인스타그램을 통해 공유 드릴 수 있을 것이다(인스타그램 아이디: mjpdcoco). 라이브 커머스 방송을 위해 꼭 필요한 부분만 정리해서 한 장으로 정리해 본 라이브 커머스 숏 폼 큐시트이다.

 방송 날짜, 플랫폼, 출연자를 기록하고, 프로그램 타이틀, 그날의 주요 포인트를 기록하고, 그 밑에는 브랜드 이름, 상품, 그리고 가격 등을 기록한다.

 그 밑에 기록하는 부분은 소구 포인트는 1, 2, 3의 3가지 정도로 정리하는 것인데 이 부분이 중요하다. 순서도에 따라 정리하는 것이되 이 부분이 내가 길을 잃어도 바로 돌아갈 수 있는 지표가 된다. 너무 작은 글씨가 아닌 큰 글씨로 내가 알아볼 수 있는 큰 제목을 적는다.

예시)
소구 포인트 1. 오늘의 가격 2. 브랜드 정리 3. 상품 성능

 그 밑줄에는 그 소구 포인트 1, 2, 3을 어떻게 시연할 것인지, 어떻게 비주얼로 풀어낼 것인지를 적는 것이다. 이 한 장을 완성하면서 소

구 포인트도 정리되고 소구 포인트를 비주얼화하는 것도 정리되는 것이므로 방송이 입체적으로 준비되는 것이다.

> 예시)
> 1. 판넬 준비
> 2. 영상 준비(인플루언서 사진 등)
> 3. 상품 시연 준비(방송 전 리허설)

 이런 식으로 방송에 바로 진행할 직접적이고 행동지향적인 메시지를 적고 행동으로 옮기면 된다.

 그 밑에 숏폼 큐시트는 일반적인 방송에도 진행되는 양식인데 늘 비슷하게 진행되는 것으로 이 양식에 특별한 경우 더 추가하거나 하면 된다.

 그리고 방송 전에 체크할 점을 적고, 방송 후 개선사항을 적으면 이 한 장은 완성된다.

 이러한 **큐시트가 모일수록 셀러의 포트폴리오는 성장하고 매출도 모이게 된다. 이 큐시트에 방송 참여 인원. 매출도 함께 적어 넣으면 훌륭한 데이터로 쓰일 수 있다.**

라이브커머스 방송 설계/ 모니터링(micro CUE-SHEET)

방송날짜/ 플랫폼/ 출연						
PGN 타이틀/ 주요포인트						
브랜드 및 상품						
방송 시 주의/ 유의사항 2인 방송 시 룰 체크						
소구포인트(강조점) 중요도순으로	1		2		3	
소구포인트를 어떻게 표현할 것인지?						

	시간 (T/C)	VIDEO (CAM)	브랜드/CM	Audio	VCR	CG/PNG(중계 자막)
	체크사항	세미 리허설		오디오, 마이크 체크	모니터 위치 체크 판넬 체크/ 출연자 역할 배분/ 시연 순서 체크	
1	20:00	오프닝+인사		ST	MOBILE ST	
2	20:00:5	라이브 CAM		ST	MOBILE ST	소통+메인 아이템 강조, 수량 체크
3	20:02:20	혜택, 주문 유도		ST	MOBILE ST	오늘 사야 하는 이유?
4	20:07:20	상품 디테일+소통 +메인템 캐치		ST	MOBILE ST	상품 브랜드+현장 CALL

방송 전		방송 후	
체크리스트	아쉬운 점 기타	체크리스트	아쉬운 점 및 기타

4. 라이브 커머스에 대한 우려사항

라이브 커머스가 무조건 대세라고 해서 아무런 준비도 없이 무작정 따라 하고 바로 포기해 버리는 것만큼 어리석을 것은 없다. 이 시장은 돈을 벌 수 있는 시장이지, 그냥 한번 재미로 하는 시장이 아니라는 의미이다.

따라서 아주 기본적인 스터디로 트렌드 공부 인맥을 넓히고 시장에 입문을 하면 현재 일을 하고 있는 상태에서 서브 잡으로는 매우 훌륭한 일이다.

이 업계에서도 잘못된 사업 방향으로 이미지가 실추되고 금전적 손실을 보시는 분들도 생기시기 때문에 안타까운 마음도 생긴다.

1) 무작정 들이대고 포기하지 마세요

꼭 전문가와 상의하고 도움을 요청하세요.
그러면 혼자서도 충분히 할 수 있습니다.

2) 무조건 고가의 장비가 해결해 주는 시장이 아닙니다

무조건 돈만 투자하지 마세요. 고가 대행사에게 속지 마세요. 바로 방송을 할 수 있는 대행사인지 적절한 금액인지 꼭 살피세요.

3) 첫술에 배부를 수는 없습니다

기다림이 필요합니다. 될 수 있는 일을 문턱에서 다들 포기하는 부분이 안타깝기도 합니다. 뭐든지 전문가들과 상의하시면 방법이 생깁니다.
그리고 어렵지 않은 길이기에 꼭 여러분이 직접 할 수 있도록 학습하고 성장하시기 바랍니다.

그리고 늘 주변 인적 네트워크를 늘려 가세요.
쇼앤라이브 황은수 대표(인스타그램: @shownlive_2020 / 대표 전화: 010-9365-2135, 02-2135-1412 / 메일: creativehallo@daum.net)

| 에필로그 |

정승혜

책을 마무리하며

우리를 시시각각으로 괴롭히는 수없이 크고 작은 불행은 우리를 연마해서 커다란 불행에도 견딜 수 있는 힘을 양성해 주며, 행복하게 된 후에도 마음이 흔들리지 않도록 단결케 하는 사명을 가지고 있다.
- 쇼펜하우어

책을 쓰기로 구체적인 마음의 결정을 하고 글을 마무리하는 이 시점에도 세상은 많이 변해 가고 있다.

팬데믹의 혼돈 속에 업계 3명의 전문가가 모여서 공동으로 책을 쓴 이유는 무엇이었나, 다시 한번 되뇌어 본다.

지금 우리가 마주하는 어려움과 역경을 얼마나 빠르고 정확하게 대응하느냐가 위기의 우리를 핵심 역량으로 만드는 기회라고 생각한다.

쇼호스트 신입시절에 도무지 방송이 생각처럼 잘 되지 않고, 매출도 나오지 않을 때 무언가 답답하고 막막한데 방법을 잘 몰랐던 것 같다.

전국 판매왕 관련 서적도 뒤져 보고, 마케팅 관련 강의도 찾아다녀 보고, 성공한 영업 맨들을 분석한 논문자료를 뒤져 보기도 했었다.

이들의 영역에서 내 직업의 답답함을 해갈하고자 무던히 노력했던 것 같다.

이제는 시대가 바뀌어서 오히려 수많은 마케팅, 영업, 비즈니스 맨들이 마케팅을 배우러 쇼호스트 아카데미로 오고자 한다.

홈쇼핑의 마케팅은 20여 년 동안 이어져오면서 가장 체계화되고 간결한, 그리고 구체화된 마케팅의 축소판을 보여 준다. 그저 흘러가는 홈쇼핑 방송인 것 같지만 그 안에 있는 쇼호스트의 멘트 패턴을 분석하면 그 속에 수많은 마케팅 전술, 전략이 담겨 있고, 고객과 밀당하는 각개전투의 기술들이 녹아 있다. 참 재미있는 홈쇼핑의 세상이다.

홈쇼핑 황무지에 깃발을 꽂으시고 뿌리를 내려 주신 '0'세대 훌륭하신 선배님들이 계시고, '1'세대에 속하는 나는 그 선배의 뒤를 이어 집을 지어 올린 세대라고 스스로 평한다. 처음부터 거창한 집을 지으리라 꿈을 키운 적도 없고 쇼호스트로서 엄청난 계획성으로 큰 그림을 그린 적도 없었다.

그저 나는 지금도 마라톤을 21년째 달리는 쇼호스트이다.

변수와 역경에 쉽게 흔들리지 않으려 했고, 자존을 가지고, 일희일비하지 않으려 했으며 하루하루를 쌓아서 전진해 왔을 뿐이다.

물론 이렇게 달려와서 성공만 했다고 하면 그게 드라마이지 인생은 아닐 것이다. 그만두고 싶을 만큼 힘들고 상처받는 순간들은 늘 찾아

왔었다. 하지만 돌아보면 어려움과 역경이 나를 쇼호스트로서 단단하게 만들어 주었으며, 역경이 지나가면 놀랍게도 조금씩 성장의 키가 커져 가는 것을 느낄 수 있었다. 선배로서 여러분에게도 뜬구름 잡는 희망만 안겨 주는 말만은 하고 싶지 않다.

지금은 코로나 19 팬데믹으로 인해 어려움과 실패가 지금 우리 눈앞에 있고 쉽지 않은 길은 분명하다. 나는 여러분의 선택을 옳게 만들어 가는 데에 도움을 주고자 한다.

흑사병이 유럽을 강타했을때, 최고의 극작가 셰익스피어는 집에서 위대한 작품을 탄생시켰고, 흑사병 때문에 중세시대가 무너지자 르네상스가 꽃피워졌다고 한다. 팬데믹의 긴 터널에서 언택트의 새로운 시대의 변화에 소비자의 형태는 비대면의 편리함이 팬데믹이 지나가도 새로운 소비문화로 정착할 것이라는 전문가들의 분석이 나온다.

이 새로운 소비변화와 다양한 구매 채널 변화에 여러분과 함께 대응하고 준비하고 싶은 마음이다. 나는 트렌드가 변하고 시대가 변하고 소비 행태가 변해도 '본질'이 변하지 않은 것을 믿는다.
각종 새로운 SNS, 변화하는 미디어 세상에서의 '본질'은 내가 바로 준비된 사람이 되는 것이다.

이 책은, 변하지 않은 가치, 즉 여러분 스스로가 경쟁력 있는 콘텐츠가 되는 길라잡이가 될 것이고, 덜 실패하는 길로 가는 지침서가 되길 바란다. 열심히 준비해서 자신을 굳게 믿고 씩씩하게 걸어 나가는 여러분과 내가 되길 바란다.

마지막으로 이 책을 쓰는 데 많은 도움을 주신 이들을 떠올려 본다.

나의 삶의 중심이신 하나님 아버지께 감사한 마음을 올려 드린다.
그리고 원고가 늦어져 긴 기간 동안 기다려 주고 바른 문장으로 다듬어 준 출판사에 감사드린다. 사계절 꼬박 보내며 함께 고민하는 시간을 보낸 공동저자 영원한 나의 친구 이민정 PD, 늘 든든한 황은수 대표에게도 감사의 마음을 전한다. 늘 나를 성장시켜 주는 나의 인생 홈쇼핑 동료, 선배, 후배님들에게 사랑한다는 말을 전하고 싶다. 나의 열정을 품고 키워 준 롯데홈쇼핑과, 나를 믿고 지지해 주는 신세계라이브쇼핑의 모든 분들께도 감사의 말씀을 전한다.

큰 사랑으로 잘 키워 주신 부모님께 감사드리며, 초고를 함께 읽고 평가해 준, 늘 지지해 주는 남편 윤대현 님에게도 사랑의 마음을 전하고 싶다.

무엇보다 부족한 나의 글을 읽어 준 독자 여러분께도 무한한 감사를 드린다.

2022년 6월 정승혜 쇼호스트 드림

| 에필로그 |

이민정

라떼는 말야~ 이런 말을 정말 싫어하지만, 지금 라이브 커머스를 하면서도 '이거 정말 돈이 되는 거예요?' '라이브 커머스 이거 맞는 거냐?' '해야 하냐?' 하는 분이 너무 많다.

우리의 2003년, 2004년쯤 홈쇼핑 얘기를 해 드리고 싶다. 그 당시 1분당 200만 원 정도 판매되면 가능성을 봤고 그것에 훨씬 못 미치는 경우도 많았다. 하지만 2019년도 난 늘 분당 1,000만 원대, 메인 시간대에는 2천, 3천, 순간은 분당 1억 원까지 판매했다.

지금 라이브 커머스 판매가 미비할 수 있지만 그 시장은 분명 변화해 가면서 커질 것이고 우리나라 시장이 작다면 세계로 **뻗어 나가면서** 확장될 것이다.

무언가 앞서갈 때는 늘 불안하다. 선구자라는 좋은 이름 앞에는 앞장설 때 불안함이 함께한다. 앞에 아무도 없으니 누군가를 따라 할 수도 없고 오로지 내 방식이 길이다. 지금은 내가 답일 수도 있는 기회의 땅이다.

기회의 시기다. 상품이 넘쳐 나고 채널이 넘쳐 나고 차별화된 콘텐츠, 차별화된 접근이 인정받는 시대이고 답이 없는 시대이다.

사실 아직은 하고 싶은 대로 해라~ 빠른 실패, 또 다른 도전을 해도 괜찮은 것이 **올해까지이다**. 그래도 괜찮아~ 곧 이 시장도 정형화되고 재미없는 시장이 되어 버릴 수 있다.

어렸을 때 **한 번쯤은** 불러 봤을 노래, '텔레비전에 내가 나왔으면 정말 좋겠네' 하는 그 노래.

진짜였을까? 적어도 나는 진심으로 불렀다. 굉장히, 손가락에 힘을 줘 가면서 네모를 정확히 그려 가면서 그 열망을 담아서 말이다.

많은 친구들과 수업을 하고 그 친구들이 일반인으로 와서 성장해 가는 모습을 보고 가슴이 벅차오르고 말도 안 되게 눈물이 나는 느낌을 느끼게 된다.

처음 홈쇼핑 PD가 되고 대리가 될 때 5년차까지는 나도 후배들과 경쟁한다는 생각이 들었다. 좋은 상품을 방송하고 싶었고, 좋은 시간대에 방송하고 싶었고, 매출이 후배, 선배보다 잘 나왔으면 좋겠다는 생각을 했다. PD 성적이 1등부터 쭉 나올 때면 중고등학교 때 성적표 받았을 때처럼 설레고 긴장되었었다. 그런데 대리 말년 차부터 이상한 감정이 들었다. 방송할 때마다 그냥 좋았고 내 방송을 하나하나 할 때마다 뭔가 고객과의 소통이 짜릿한, 일명 방송 오르가슴이라는 것이 느껴졌다. 콜이 뜨고 쇼호스트 멘트에 웃고 라이브 상황에 맞게 나 혼자 다양하게 준비한 다양한 시뮬레이션 중 하나로 진행되는 짜릿함에, 방송 사고가 나도 나는 늘 태연했다.

그런 과정을 해결하는 데 희열이 느껴졌다. 그 상황 역시 내 시뮬레이션 중 하나였으니. 늘 나는 방송 상황 시뮬레이션 3개, 매출 시뮬레이션 3개 정도를 가지고 들어갔다. 어떤 이들은 신기라고 말했지만 그건 데이터였다. 그 이후부터는 선배, 후배가 아닌 나 스스로 데이터와 싸우는 연습이 훈련되었다. 그리고 그게 재미가 있었다.

본인에게 집중하라는 얘기를 가장 많이 하고 싶다. '나', '내 상품', '내 방송'.

온전히 방송이라는 시간 60분, 120분을 1분 1초도 딴생각 안 한 채 집중하고, 아무것도 안 하는 통제된 상황을 살아가는 일은 많지 않다. 방송을 하는 사람들은 모두 대단한 일을 하고 있다는 생각을 많이 한다.

우리 방송쟁이들은 앞으로도 할 수 있는 일이 너무 많다. 자타공인 전 세계 1등 홈쇼핑 콘텐츠 시장은 라이브 커머스 콘텐츠 시장도 마찬가지일 것이고 앞으로 메타버스, 코인 시장으로 바뀌어도 마찬가지일 것이다. 무엇을 팔고 어떻게 팔 것인지만 계속 바뀌는 것이다.

다만 해결해야 할 문제들이 여러 개 남아 있다. 인력, 기술, 상품 공급 문제 등 다양한 부분인데 각 부분의 인프라의 풍부하지만 3가지 주요 카테고리가 제대로 합쳐져서 시너지를 내지 못하고 있다. 그래서 현장에서도 수익을 크게 내지 못하고 있는 것이 현실이다. 외부 기술적인 문제 말고도 우리 내부적인 문제로 홈쇼핑처럼 채널이 승인되고 인력이 채용되고 고용이 안정된 시장이 되지 않고 있기 때문에 가능성은 자이언트급인 서브 플랫폼으로 포지셔닝되어 자라나고 있다.

우리나라의 시장이 한계가 있기 때문이기도 하다. 홈쇼핑을 하면서 느꼈다. 중국 왕홍 한 명이 2조 원에 육박하는 매출을 하는 시대에 한국 시장의 비좁음을 많이 느낀다. 해외 판로 개척을 위해서는 민간뿐 아니라 정부 차원에서 많은 지원들이 필요할 것이다.

현재 K-POP, K-드라마 콘텐츠로 인기 있는 이 시점에 우리의 뷰티 아이템뿐 아니라 의류, 패션 잡화, 인테리어, 먹거리 등 해외에서는 너무나 원하고 있다. 1~2년 안에 'K-'라는 네이밍도 떼고 글로벌 템이 될 것이다. 그러기 위해서는 라이브 커머스 외에 방법이 없다.

모든 소상공인이 사용할 수 있는 플랫폼이 공급되기 전까지는 지금 있는 플랫폼으로 무언가는 하고 있어야 한다. 준비된 자에게 기회는 빨리 오고 빨리 온 기회는 돈으로 바뀔 수 있는 것이다.

라이브 커머스의 인력 캐스팅이나 방송 인력은 MCN/아이템이 있는 벤더/방송 운영 위주의 에이전트, 이렇게 크게 3가지 형태로 운영이 되는데, 사실 진정 출연자들이 양성되면서 건강하게 시장이 커 가기 위해서는 아이템이 있는 벤더사와 방송 운영 에이전트가 합쳐져서 MCN 형태로 성장하는 것이다.

그래야 방송 자생 능력도 생기고 기업 이윤, 출연자의 고용 안정성, 우량 상품, 지속적인 방송으로 인해 고객이 찾는 상품을 방송할 수 있게 된다. 그러기 위해서는 사실 현재 홈쇼핑 방송을 하고 있는 빅 벤더 업체들이 당장 손해를 보더라도 라이브 커머스를 위해 투자를 하고 1~2년 정도 본인들의 상품을 방송해야 한다. 연예인분들도 초기에 소신 있는 분들이 유튜브를 묵묵히 하는 분들은 지금 한 달에 몇천~1억 정도의 수입을 내고 계신다. 그때 그 연예인분들이 직접 촬영, 편집하는 것을 보고 물었다.

"왜 하세요?"

"매번 개편 때마다 마음 조이고 싶지 않아. 이제 나도 내 채널을 갖고 싶어. 내 채널에서 편하게 방송해야지."

지금 이런 분들이 연예인 유튜브 매출 상위를 차지하고 꾸준히 하고 있다.

이렇게 하셨던 분들의 마음으로 우량 업체들이 라이브 커머스에 투자할 때이다.

분명 수익의 5%만 투자해도 1~2년 뒤 시장의 리더가 되어 있을 것이다.

이렇게 되면 전자상거래 상품들 중 미흡해서 고객이 피해 보는 경우도 적을 것이다.

현재는 우후죽순처럼 많은 상품들이 출시되어 가끔 우려되는 상품들도 있기 때문이다.

올해의 가장 큰 이슈는 메타버스다. 우리가 왜 메타버스인가? 싸이월드 3D 버전이라고 쉽게 이해해 본다면, 인증서가 발급되는 시리얼 번호가 찍힌 도토리는 NFT라고 이해하고 넘어가 보자.

팬데믹 상황에서 고립되어진 자아는 누군가와 정서적인 스킨십을 하고 싶어 한다. 이제 코로나가 아니어도 미래에는 어떠한 바이러스나 고립 상황으로 과거의 일상으로 돌아올 수 없다는 것을 미래학자들이 예측했는데, 이러한 예언이 아니더라도 우리는 알 수 있다. 정서적 스킨십 즉 한국 특유의 '정'이라는 콘텐츠가 필요하다는 것이다. 메타버스는 웹상의 따뜻한 가상공간이고 그것의 핵심은 실재감, 즉 '진심'이다. 메타버스에서 셀러, 인플루언서, 쇼호스트가 가상인간으로 변한다고 해서 이 가상인간의 스토리텔링, 기획하는 것은 우리 같은 일을 하는 사람이고 지금 하고 있는 사람들도 지금 우리 주변에 우리 같은 일을 하고 있는 사람들이다.

어떠한 **세상으로 변화한다고** 해도 상품, 방송, 고객의 메커니즘은 변하지 않는다. 우리는 방송, 상품을 점점 이해해 가면서 고객과의 소통, 고객과의 공감을 하고 내 팬, 나의 잠재적인 고객들을 늘려 가면 된다. 스스로 상품에 대해 체크하는 기준을 가지고 상품을 걸러 내고 어느 정도 수준 이상이 되면 전문 카테고리나 상품에 대한 정확한 신념을 가지면 더 좋다. #비건 #헬스 #인테리어 #면역력 #다이어트 #혼밥 등 고객이 찾아올 수 있는 간판을 거는 것이다.

그 주제에 대해 커뮤니티 활동도 하고 나의 SNS에 그에 관심 있는 유저들이 모이면서 나는 더 단단한 셀러로 성장할 수 있는 것이다.

늘 주변에 홈쇼핑부터 라이브 커머스 일을 하는 친구들, 최신 플랫폼이나 NFT, 미술 계통에 일하는 분들과도 소통해 보면 **이런 단어들이** 떠오른다. '더듬이', '민감하다', '촉'. 세상에 대한 촉이라는 것인데 언젠가부터는 이러한 사람들이 세상을 이끈다는 생각을 하게 된다. 적어도 이 책을 읽고 있는 우리도 무언가의 끌림이 있고 이 시대를 읽어 내려가려고 하는 의지가 있다는 것이다. 그것이 시작이다. 그런 눈으로 그립이든, 네이버든, 쿠팡이든 자신 있게 두드려 보자.

그리고 인스타그램으로 공동 구매도 해 보고 다양한 판매 경험을 해 보자. 적어도 우리는 20~40년, 아니면 그 이상 소비 활동을 해 왔다. 전문가다. 동네 슈퍼, 문방구에서부터 백화점, 명품관, 아울렛까지….

내 의지만 있다면 시작할 수 있다. 언제라도 방송 시작 스타트업 세트는 정보 업그레이드를 해서 함께 공유해 갈 예정이다. 세상은 계속 달라지니까.

우리 저자 3명 중 누구에게라도 문을 두드리고, 적극적으로 시작해 보시기를 희망한다.

열려 있는 세상, 지금 당신만 시작하지 않고 있다.

라이브 커머스 대행업체 황은수(인스타그램: @hwangdoli)

라이브 커머스 PD 이민정(인스타그램: @mjpdcoco)
라이브 커머스 쇼호스트 정승혜(인스타그램: @showhost_j)

늘 떠도는 사람 같은 일하는 프리랜서, 늘 하루하루 매출에 의존해서 사는 커머스 세상에 많이 허무하게 하루하루를 살아갈 수 있다.

하지만 나는 10여 년 전 출장 가는 비행기 안에서 정승혜 쇼호스트와 책을 내자는 서로의 약속을, 이 비루한 책 한 권으로 지킨다. 큰 내용이 아니더라도 우리의 작은 스토리가 담긴 것이며 우리가 필요한 누군가에게 '노크' 같은 존재였으면 한다.
 서로의 노하우를 공유할 수 있는 '플랫폼'이었으면 한다.
 홈쇼핑이라는 회사를 오래 다니고 지금 라이브 커머스를 하다 보면 나에게 남는 것은 사람과 커리어이다. 가끔 만나도 늘 마음 따뜻한 사람들, 서로 눈빛만 봐도 아는 사람들, 가끔은 사적인 마음을 감추고 기계적인 마음으로 대해야 해서 가끔 아팠던 순간들, 혹은 그 반대의 순간들. 방송쟁이들은 극대화된 감정과 극대화된 이성에 많이 힘들어한다. 많이 예민하다. 1초 1초를 누군가와 마주하면 진심을 전달해야 하는 일이기 때문일 것이다. 점점 내 일과 방송을 함께 즐길 수 있는 방송쟁이로 나 역시 성장하고 싶다.
 그리고 같은 분야에 일하고 계신 분들을 위해 미리 먹거리를 개척하고 선한 영향력을 미칠 수 있는 선배들이 되고 싶다.

너무 많은 분들이 도움을 주시고 관계된 분들이 계신 관계로 추천의 글은 많은 고민 끝에 생략하기로 했다. 공동 저자이기도 하고 누구는 넣고 누구는 빼기에는 너무 정서적인 고뇌가 큰 일이기도 했다. 말보다는 책을 쓴다는 일이 쉽지는 않을 일이기에 많은 실수가 있더라도 양해해 주시기를 바라며 다만 이러한 책이 우리에게 닿을 수 있는 쉬운 플랫폼이 되기를 바라는 마음에는 쉽지 않은 책을 내기로 했고 오랜 작업을 마치는 바이다.

오랜 작업을 함께해 주신 한남동 형부님과 내 옆을 지켜 주신 YD님, 그리고 우리 아카데미 조상님들부터 우리 새싹 크리에이터들, 많은 라이브 커머스 크리에이터들에게 감사의 말을 전하고 싶다. 나와 가장 많은 방송을 함께한 정윤정 쇼호스트, 이수정 쇼호스트, 그리고 수많은 임시온, 이현정, 조윤주 팀장, 최홍찬, 전경환, 최지은 MD님들, 현재 롯데홈쇼핑 이완신 대표님, 이하 임원분들과 직원분들, 함께 출장을 많이 갔었던 박수민, 이준영, 김로사 MD 등 참 많은 분들이 생각나는 순간이다(현재 소속님, 직책 생략).

식구들보다 많이 보던 우리 박민혜, 우리 선후배 PD, 감독님들은 책 안에도 언급했지만 늘 소중한 순간이고 방송은 나 혼자 할 수 없기에 늘 감사하고 감사했습니다. 늘 살면서 더 갚겠습니다.

이민정 드림